Moses W. Redding

Ecce orienti;

An epitome of the history of the ancient Essenes, their rites and ceremonies

Moses W. Redding

Ecce orienti;
An epitome of the history of the ancient Essenes, their rites and ceremonies

ISBN/EAN: 9783337820992

Printed in Europe, USA, Canada, Australia, Japan

Cover: Foto ©ninafisch / pixelio.de

More available books at **www.hansebooks.com**

AN EPITOME OF THE

History of the Ancient Essenes, their Rites and Ceremonies;

FOLLOWED BY THE

RITUAL OF THE MODERN ORDER OF ESSENES.

THIRD EDITION.

Arranged Strictly in Accordance with the Standard Formula.

BY

M. WOLCOTT REDDING.

NEW YORK:
REDDING & CO.,
TEMPLE BUILDING, 544 BROADWAY.
1870.

PREFACE.

The Ritual adopted by the Modern Order of Essenes is so long that it can only be learned and retained by constant attendance at the meetings, and as many are so situated that they cannot regularly attend, they soon forget much that they have learned, and thus lose interest in the subject, until their connection with the Order becomes merely nominal, or is entirely severed in default of the payment of dues.

From this state of things arises the need and demand for some means of refreshing and aiding the memory, outside of the ⛩, and for the want of an authentic work on the subject, Essenes are availing themselves of any means of information that comes within their reach; hence the extensive sale of several open and highly erroneous exposés, that are sold alike to members of the Order and the *public at large*. To arrest this evil, and meet the demand for a work that is both accurate and legitimate, this volume has been prepared.

THE AUTHOR.

NEW YORK, 1870.

THE ANCIENT ESSENES.—ORIGIN OF THE ORDER.

———o———

ESSENE from the Hebrew root, עשׁן (Esan, to be strong), עשׁיני (Essene) because they exhibited strength of mind, in enduring suffering, and in subduing the passions; the Essenes* were an order of the Jews, and the fact that they developed themselves gradually, and at first imperceptibly, through intensifying the prevalent religious doctrines, renders it impossible to say precisely at what time they were detached from the general body. Josephus, however, speaks of them as existing in the days of Jonathan the Maccabæan, B.C. 143 (Ant. xiii. 5-9); he also mentions an Essene who delivered a prophecy in the reign of Aristobulus I., B.C.

---

* See Josephus.—Kitto.

106 (War i. 3–5; Ant. xiii. 11–2), and as we find no reliable record of them previous to B.C. 150, that is doubtless very near the date of the origin of the Order.

When they ultimately withdrew from the rest of the Jewish nation, the majority of them settled in Samaria, along the Jordan, and the rest lived in scattered communities throughout Palestine.

Both Philo and Josephus mention them as being very numerous at this time.

They were divided into two classes—the first devoting themselves to a life of contemplation, and studying the mysteries of nature and revelation; the second engaging in some daily handicraft. They were ruled by a Rabban, assisted by a Rabbi and a Rab,* who were chosen by the whole body. In cases of trial, however, a majority was required to constitute a tribunal, and the brother who walked disorderly was

---

* Rabban, from the Hebrew רַבָּן, master.
    Rabbi,   "   "   "   רַבִּי, a teacher.
    Rab,   "   "   "   רַב, assistant teacher.

excommunicated; yet he was not regarded as an enemy, but was admonished as a brother, and usually received back, after due repentance.

They divided the twenty-four hours into three parts: a portion of which was devoted to the service of God and the relief of the needy and distressed, a portion to their usual avocations, and a portion for refreshment and sleep.

They rose at early dawn, and offered up the national prayer for the return of the light of day, after which they betook themselves to their respective vocations and engagements, under the superintendence of the Rabbans and Overseers. At the sixth hour, or twelve o'clock, the labor of the forenoon terminated, and all reassembled, bathed in cold water, after which they put on their white garments, entered their refectory with as much solemnity as if it were the Holy Temple, and sat down together in mysterious silence to the common meal. When seated, the priest invoked God's blessing upon the repast, after which the baker placed before each one a small loaf of bread, and the cook a dish of plain food. At the conclusion of the meal the priest offered up thanks to the Bountiful Supplier of all our wants. This was the signal of their dismissal, when they withdrew, put off their white garments, and resumed labor again until the eleventh hour (or five o'clock, as we reckon time). On the Sabbath they assembled in the synagogues, where they were seated according to their age, the younger sitting below the elder in becoming attire, and listening with due attention Then one takes up the Sacred Volume and reads a portion, whilst a Rabbi expounds.

But as they were completely esoteric in their doctrines, they omitted the most mysterious portions, which were only taught in the Hadoth,* or place of secret meetings.

As a sect they were distinguished by an aspiration after purity, and, like the Chasidim of earlier times, were confounded in

---

* Hadoth, from the Hebrew הָעֲדוּת, a place of secret meeting, or meeting by appointment.

the popular estimation with the great body of the zealous observers of the law. The growth of Essenism was a natural result of the religious feeling which was called out by the circumstances of the Greek dominion, and it is easy to trace the process by which it was matured.

From the Maccabæan age there was a continuous effort among the stricter Jews to attain an absolute standard of Holiness. Each class of devotees was looked upon as practically impure by their successors, who carried the laws of purity still further; and the Essenes stood at the extreme limit of the mystic asceticism, which was thus gradually reduced to shape.

As an Order they were distinguished by the following principles and observances:—

A love of truth and sobriety; love to God and man, made manifest by religious zeal and kindly acts towards each other; always aiding the needy—and to this end they had stewards in every place where they dwelt, to supply needy brethren with food and raiment, and as a means of recognition they had certain signs and pass-words, by which they presently recognized each other.

They were divided into three grades, or ranks, and when a candidate applied for admission his character was scrutinized with the greatest severity, and if found worthy, he was admitted to the first grade, when he was presented with a white garment and girdle. He then remained in a state of probation and trial for one year, during which time, although he lived according to their customs, he was not admitted to their secret meetings. At the termination of this period he was advanced to the second rank, with its consequent rights and privileges; but he was not admitted to full fellowship with them until after another year of probation, when, if still found worthy, he was advanced to the third rank, and invested with all of the signs, pass-words, and privileges of the Order.

On his admission he was required to

take upon himself a solemn oath or obligation, the heads of which were as follows:—

To exercise piety towards God and justice towards men; to shun the wicked and emulate the good; to show fidelity and obedience to those in authority; to be a lover of truth and a reprover of falsehood; to keep his hands clean from theft, and his soul from unlawful gains; to conceal nothing from the Order, nor disclose any of their secrets to any one in any other manner than he received them himself; and, lastly, to carefully guard and preserve the Sacred Books and Symbols belonging to the Order.

MODERN ESSENISM.

On the revival of Essenism and its introduction into this country, the principles of the ancient sect were adopted by the new Order here as a basis of their creed and government, together with the following Ritual,* which is here given to *assist* us

---

* While the modern order has retained the name (Essenes) and principles of the ancient sect, still it

in *becoming bright* and zealous workers on that symbolic structure here below, to the end that we all may be the better enabled to eventually enter that Spiritual Building—that House not made with hands, eternal in the heavens.

Now, as in the ancient time, the candidate for admission to the Order has to pass through a novitiate of two stages of twelve months each.

On his admission to the first grade, the following rites and ceremonies are observed:—

First. The Rabban ascends the daïs and calls the brethren to order, and commands the Rab to see that all of the approaches to the Hadoth are duly guarded, so that the profane may not gain admission.

Then the Rabbi invokes the blessing of

---

was found necessary to materially modify the ritual, in order to adapt it to the present state of civilization. The rites and ceremonies of this Order likewise essentially differ from those practised by a society of Essenes in this country, who are strictly a religious sect.

Deity on their labors (during which time all in reverence bow), and closes with Amen, to which all respond, Amen. So mote it be.

After which the Rabban thus addresses the Sawái:—

RABBAN.—Br. Sawái.

SAWÁI.—Wfl. Rabban.

RABBAN.—Where did our ancient brethren meet?

Sw.—In Synagogues and in the Hadoth, or place of secret meeting.

RABBAN.—What was the manner of teaching among Ancient Essenes?

Sw.—They taught their more important doctrines in secret, and philosophized on most things in symbols.

RABBAN.—Where do Essenes meet at the present day?

Sw.*—In the Hadoth.

---

* Many of the words in this Ritual have been abbreviated. This has been done for two reasons. First, to present the subject in as condensed and convenient a form as possible. Second, as it renders the reading somewhat difficult, it will the better *fix the various rites and ceremonies in the memory.*

Rabban.—How do we illustrate the important truths prtnng to our dctr'ns?

Sw.—By symbols.

Rabban.—Why are we assembled to-night?

Sw.—It was the custom among Ancient Essenes to meet at regular and stated periods for instruction, also to initiate candidates into the msts. of Essenism. We are thus assembled to-night.

Rabban.—How many const't a quorum in the Hadoth?

Sw.—Nine or more.

Rabban.—When cmpsd. of nine, of whom do they consist?

Sw.—The Rabban, Rabbi, Rab, Sawái, Jawái, Sadáin, Jadáin, S. M. C., and J. M. C.

Rabban.—Have we a quorum to-night?

Sw.—I will call the roll of officers and ascertain (calls the roll). We have a quorum, Wfl.

Rabban.—Br. Dj., th. fs gt ca. o' Essencs, whn cnv'nd.

Dj.—T' s'e tht th'y a'e dly td.

Rabban.—Atn. t' tht dty, an' infm th.

T. tht. I am abt. t' op ths. ⚑ o' F. an' Acd. Essenes, i' th. thd. rank, an' drct. hm t' tk. d'e. ntc. thrf., an' gvn. hmsl. ac'ly.

5d. W. Rabban, we a'c. dl. td.

Wr. Hw. a'e. w–e td.

Jd. B. a M. Esn wtht. ar'd. wth. th. prp. impl. o' hs ofc.

Wr. Hs. dt. th'r.

5d. T' obs. th. aprh. o' cns an' edps, t' s'e. tht. nn. ps. or rps., xcp. sh. as a'e. dl. qlfd., an' hv. pmsn. fm. th. Wr.

Wr. Ts. wl.

Br. 8w. a'e. a'l. prsn. M. Esns.

Sw. I wl. astn. thrgh m' prpr. ofcr. an' rpt.

8w. Br. Jd., u. wl. astn. if a'l. prsn. a'e. M. Esns.

5d. Br. Sw., a'l prsn a'e M. Esns.

Sw. Wr., a'l prsn. a'e. M. Esns.

Wr. As a fthr evdc. tht. a'l. prsn. a'e M. Esns, u. wl rcv th. ps. wd fm th S. an' J. ds. wh'. wl. obt i't fm th. Brn on th. rt an' lf. o' th ⚑ an' cmct i't t. th. E.

8w. Th. dns. wl. aprh. th. W. and gv. m–e th. ps. wd. u. wl. nw. rcv. th. sm. fm th. Brn. on th. rt an' lf o' th. 🛆 an' cmct i't t' th. E.

Wr. Br. Sw., th. ps. wd. i' rt. an' dl. rcd i th. E. A'e. u. a M. Esn.

8w. I 'm.

Wr. Wt. indcd. u. t' bcm. a M. Esn.

8w. Tht. I mt. obt. th. m's wd. trvl i frn. cntrs., wk. and rev. ms. wgs., an' b. thby. th. btr. enbld. t' supt msl. an' fmly. an' cntrbt. t' th. rlf. o' dstsd. wthy. M. Esns, thr. wds an' orphns.

Wr. Wt. mks. u. a M. Esn.

8w. M' obg.

Wr. Whr. wr. u. md. a M. Esn.

Sw. Wthn. th. bd. o' a js. an' dl. cnstd 🛆 o' M. Esns asmbd i a plc. rprstg. th. unfnshd. Snc Snctm o' K. S's. T' frnsh. wth. th. H. B., sq. an' cps., tgthr wth. a chtr. or dspnstn fm sm G. Bd. o' cmpt jsdctn emprng i't t' wk.

Wr. Hw mny cmps. a M. Esns 🛆.

8w. Thr. or mr.

Wr. Whn. cmpsd. o' fv., o' whm ds. i't cnst.

Sw. Th. Wr., S. an' J. Wns., S. an' Jds.

Wr. Th. Jd's plc i th Hadoth.

8w. A' m–y rt. hn.

Wr. Yr. dt. thr., Br. Jd.

5d. T' ca. msgs. fm. th. Sw i th. W. t' th. Jw. i th. S. or elswhr. abt. th 🛆, as h' m'y drct—atn. t' al'ms. a' th. outr. dr. an' rprt th sm. t'. th. Wr, als t' s'e tht. w–e a'e dly. td.

Wr. Br. Jd, th. Sd's plc. i th 🛆

5d. A' th. rt. hn. o' th. Wr. i th. E.

Wr. Yr dt. thr, Br. Sd.

6d. T' ca. ords. fm th. Wr. i th. E. t' th. Sw. i th. W. o'r elswhr. abt th. 🛆, as h' m'y drct., atn. t' al'ms. a't th. inr dr., wlcm. an' clth. vstg. Brn.,—als t' rcv. an' cndt. cndts.

Wr. Br. Sd., th. Jw's sta.

6d. I th. S.

Wr. Wh i th. S., Br. Jw.

7w. T' obs. th. sn. a' mrdn. wh. i' th. glry. an' bty. o' th. d'y, t' cl. th. cft. fm. lbr. t' rfshmts., supntn thm drn th. hrs. thrf. an' cfly. t' obs. tht. th. mns. o' rfshmts. a' nt. pvtd. t' intmpc. an' xcs., t' s'e tht. th'y. rtn. t' thr. lbr. agn. i d'e sesn., tht. th. Wr m'y rcv. hnr.; an' th'y plsr an' prft thby.

Wr. Th. Sw's. sta.

7w. I th. W.

Wr. Wh. i th. W., Br. 8w.

8w. As th. su. i' i th. W. a' th. cls. o' th. d'y, s'o stns. th. Sw. i th. W. t' asst. th. Wr. i opg. an' clsg. th. ⬒, p'y. th. cft. thr. wgs. i-f an-y b. d'e, tht. nn. g'o aw'y. dstsfd, hrmny b.ig th. suprt o' a'l Insttns., espec'ly. th's o' ous.

Wr. Br. Sw, th. Rabban's sta.

8w. I th. E.

Wr. Wh. i th. E.

8w. As th. su. rs. i th. E. t' op. an' gvn. th. d'y, s'o rs's. th. Wr. i th. E. t' op. an' gvn. th. ⬒, st. th. cft. t' wk., gvg. thm. prpr. instns. f' thr. lbr.

Wr. Br. Sw., i't i' m' ord. tht. — ⬒ — b. nw. opd. i. th. thd. rnk. an' stn. op. f' th. trnsctn. o' sh. bsns. a's m'y. rgly. an' cnsttnly. b. brt. b.fr. i't, ths. u. wl. cmnct. t' th. Jw. i. th. S., an' h' t' th. Brn. prsn. tht. th'y., hvg. d.e. ntc. thrf., m'y. gvn. thmsls. ac'ly.

8w. Br. Jw.

Jw. Br. 8w.

Sw. It i' th. ord. o' th. Wr. i. th. E.

tht. — ⟨sign⟩ — b. nw. op. i th. thd. rnk. an' stn. op. f' th. trnsctn. o' sh. bsns. as m'y. rglly. an' cnstnly. b. brt. b.fr. i't; ths. u. wl. cmnct. t' th. Brn. prsn. tht. th.y, hvg. d'e. ntc. thrf., m'y. gvn. thmsls. ac'ly. Jw. Brn., i't i' th. ord. o' th. Wr. i th. E., cmnctd. t' m-e thrgh. th. Sw. i th. W., tht. —⟨sign⟩— b. nw. op. i th. thd. rnk. an' stn. op. f' th. trusctn. o' sh. bsns. as m'y. rgly. an' cnstnly. b. brt. b.fr. i't; ths. I cmnct. t' u. tht. u., hvg. d.e. ntc. thrf., m.y gvn. yrsls. ac'ly.

Wr. Brn. obs. th. E. an' atn. t' gvg. th. sns. (sns. o' thd. rnk. a'e. nw. gvn. b' Wr. an' Brn.)

Wr. I nw. d.clr. —⟨sign⟩— d.l opd., an' in ord. fo' bsns. a'. th. sm. tm. frbdng. al. idl. or othr. unessenic cndt. whby. th. pc. an' hmny. o' th. sm. m.y. b. dstbd. und. no ls. a pnlt. thn. th. b'-ls. prscb. or a mjrty. o' th. Brn. m'y. s'e cse. t' inflc.

Br. 5d., infm. th. T.

Br. 6d., atn. t' th. al. an'. dspl. th. thr. gt. lts. i Esnsm.

Wr. Br. Sc., I wl. thnk. u. t' rd. th. mnts. o' ou. lst. cmctn.

Brn., u. wl. nw. pay atn. t' rdn. th. mnts. Sc. (rds.) At a rglr. mtg. of — 🔺 — (F. and Acd. Esns., hld. Dec. th. 15th, a' 586 (here give the place of meeting), there wer present:—

    A. V. Hilton, Wr.
   Bro. H. L. Wood, Sw.
    " D. C. Harvey, Jw.
    " N. R. Myres, Tres.
    " D. H. Cook, Sc.
    " T. V. Walton, Sd.
    " R. W. Oliver, Jd.
    " G. P. Van Cleet, T.
    " C. Esslesten, Organist.

MEMBERS.

   Bro. H. Wyatt,
    " C. D. Drew,
    " A. O. Smith,
    " E. R. Chambers,
    " Wm. Gurnsey,
    " Saml. Thomas,
    " Chas. West,
    " H. R. Williams,
    " G. T. Smith,
    " Guy R. Overton.

VISITING BRETHREN.

Bro. H. A. Stanley, — 🏛 —, N. Y.
" Wm. Vinton, — 🏛 , Adams, Mass.
" Louis Lafont, — 🏛 —, New Orleans, La.

Th. 🏛 ws. opd. i d.e. frm. i th. thd. rnk. i Esnsm., th. mnts. o' th. lst. cmctn. wr. rd. an' aprvd. Th. commt. on th. petn. o' Mr. J. H., reptd. favbly., whupn, h' ws. btd. f' an' dly. elct.; lbr. ws. thn. supnd i th. M. Esns. rnk. an' an Eps. 🏛 op. fo' wk an instcn. Mr. Charles Secomb, a cnd.t. fo' Initn., b'ng. i. waitg., ws. dl. prp.d, brt. fwd., an' initd. as an E. P. Esn., i. d'e. an' anc. frm., h' p'yng. th. fthr. sm. o' fv. dls.

Th. E. Ps. 🏛 ws. thn. clsd. an' lbr. rsmd. i. th. M. Esns. rnk., whn., thr. b.ng. no frthr. bsns., th. 🏛 ws. clsd. i. d'e. an' anc. frm.

Wr. Ths. wr. th. mnts. o' ou. lst. cmnctn., wh. wr. rd. an' aprvd., an' a'e nw. rd fo' yr. infmn. Ds. any Br. knw. o' any Br. o' ths. 🏛 or any othr. i. skns. or dstrs.

Wr. Hv. u. anythg. t' rpt. i th. S., Br. Jw.

7w. Nthg. i th. S., Wfl.

Wr. Anythg. i th. W., Br. Sw.

Sw. Nthg. i th. W., Wfl.

Wr. Ds. anybd. knw. o' an'y on' sk. or i dsts., i or abt. th. bd. o' ths. ⚰; i'f nt., I ac'ly. dclr. ths. bsns. clsd.

Wr. Br. Sc., hv. u. any prpstns.

Sc. Nn.

Wr. Any unfnshd. bsns.

Sc. Nn.

Wr. Any commt. t' rept. on prvs. prpls. fo' mmbshp.

Sc. Th. comm't on th. prp'sl o' Mr. J. H. rep'rt fvbly.

Wr. Br. Sd., pr'pr th. bt. b'x, an' displ'y i't S., W., an' E. fo' inspt'n.

Brn., u. a'e abt. 't' bt. fo' Mr. J. H., o' whm yr commt. hv. reprtd. fvbly.; ths. wh' a'e i fvr. o' hs elctn. wl. dpst. a bl., ths opsd, a c'e. or sq. blk.*

Br. Sd., u. wl. ca. th. bt. bx. t' th. Jw. i th. S., thn t' th' Sw. i th. W., fo' thr bts.; thn d'pst. i't on th. Al. fo' th. blnc. o' th. Brn.

Wr. Hv. al btd. i th. S., Br. Jw.

---

* In some Hadoths blls.

7w. Al hv btd i th. S., Wfl.

Wr. Hv al btd i th. W., Br. Sw.

Sw. Al hv btd i th. W., Wfl.

Wr. Hv al o' th. Brn. i or abt. ths. ♠ btd. If so, I d'clr. th. btg. clsd.

Br. Sd., dspl'y. th. bt. i th. S., W., an' E. fo' inspct'n.

Wr. Hw. stns. th. bt. i' th. S., Br. Jw.

7w. Cl. i th. S., Wfl.

Wr. Hw. stns. th. bt. i. th. W., Br. Sw.

8w. Cl. i. th. W., Wfl.

Wr. An' cl. i. th. E. Ac'ly. I dclr. Mr. J. H. dl elc., an' ent'ld. t' rcv. th. fs. rnk. i. Esnm.

Wr. Br. Jd., astn fm th T. if thr. a'e an'y cndts. i. wtg. ; i'f s'o, thr nms. an' f' wt. rnk.

5d. Thr. i' on', Mr. J. H., i. wtg. fo' th. fs. rnk.

Wr. Brn., I 'm infmd. tht. thr. i. wt'g. fo' th. fs. rnk. Mr. J. H., wh' hs bn. dl. elc. i. ths. ♠ ; if thr. a'e no objns. I wl. prcd. t' cnfr. th. sm. upn. hm.

Thr. bn. no objns., I wl. so prcd.

Br. S. an' Jm-c.*

---

* See Appendix I.

M–c. Wr.

Wr. Hw. shd. a cndt. b. prpd. t' rcv. th. fs. rnk. i. Esnsm.

M–c. By bng. dvst. o' a'l. mtc. sbts., nthr. nkd. nr. clthd., bft. nr. shd., lf. kn. an' bs. br., hwkd. an' a c'to. onc. abt. hs. nk.

Wr. u. wl. rpr. t' th. prpr'tn. roo., whr. I undrstn. thr. i' i. wtg. fo' th. fs rnk. Mr. J. H.; an' whn. he i' ths prpd. gv. th. usl. al'm. a' th. inr. dr.

Br. Sec., u. wl. acmpny thm. an' rcv th. initn. f', an' 'sk. hm. th. usl. qsts.

(Sc. an' M–c. rtr., whn. th. Sc. 'sks th. cnd't. th flwg qus):—

Sc. D' u. sersly declr upn yr hnor, tht. unbsd. b' imprpr. solctns. o' frds., an' uninflcd b' mrcnry mtvs, u. frly an' vluntrly ofr. yrsl. a cnd't. fo' th msts. o' Esnsm.

Cndt. I d'.

Sc. D' u. sersly. dclr. upn. yr. hnr., tht. u. a'e prmptd t' solct. th. prvlgs. o' Esnsm b' a favbl opn cncvd o' th. instn, a desr o' knldg, an' a sncr wsh of bng srvcble t' yr flw-crtrs.

Cndt. I d'..

Sc. D' u. srsly dclr. upn. yr. hnr., tht. u. wl. chrfly. cnfm. t' a'l. th. anc usgs an' estblshd. cstms. o' th. Ord.

Cndt. I wl.

Sc. Wr., th. cndt. hs ans. th. usl. qs., an' pd. th. blnc. o' hs. initn f.

Wr. Br. 5d., th. ls. as wl. as fs. gt. ca. o' Esns whn cnvd.

Jd. T' s'e. tht. th'y a'e. dl. td.

Wr. Atn. t' tht. dt. an. infm th. T. tht. I 'm abt. t' suspnd lbr.* i' th. thd. rnk. f' th. prps. o' opn. i th. fs., f wk. an' instcn., drctn. hm. t' tk. d'e. ntc. thrf., an' gvn. hmsl. ac'ly.

5d. Wr., th. T. is infmd.

Wr. I nw. dcl'r. lbr. suspnd. i th. thd rnk, wvg. al fthr. crmny., fo' th. prps. o' opng. i th. fs. fo' wk. an' instctn.

Br. Jd., infm. th. T. Br. Sd., cls. th. gt. lt. i Esnsm.

Wr. Br. Sw., whnc. cm. u.

8w. Fm. a 🜚 o' th. Hl. St. J., a' Jrlm.

Wr. Wt. cm. u. hr. t' d'.

* See Appendix.

8w. T' lrn t' sbd'e m' psns. an' imprv. msl. i' Esnsm.

Wr. Thn. u. a'e. an Esn, I prsm.

Sw. I 'm so tkn. an' acp. amg. Brs. an' flws.

Wr. Wt. mks. u an Esn.

Sw. M' obg.

Wr. Whr. wr u. md. an Esn.

8w. I' th. bd. o' a js. an' dl. cnstd 🛆 o' Esns, asmbd. i' a plc. rprsntg. th. gnd. flr. o' K. S's. t., frnshd. wth. a ll. B., sq. an' cps., tgthr. wth. a chrtr. o'r dspnstn. fm. sm. G. Bd. o' cmpt. jsdctn., emprng i't t' wk.

Wr. Hw. mny cmps an E. P's 🛆.

8w. Sv. or mr.

Wr. Whm. cmpsd. o' sv o' whm ds i't cnst.

8w. Th Wr., S. an' J'ws., Trs., Sc., S. an' J'ds.

Wr. Br. Sw., th. Jd's plc. i th 🛆.

Sw. A' m' rt hn.

Wr. Yr. dt. thr, Br. Jd.

5d. T' ca. msgs fm th. Sw. i th. W. t' th. Jw. i th. S. an' elswh. abt. th. 🛆 as h' m'y drct.; atn. t' al'ms. a' th. outr. dr., an' rprt. th. sm. t'. th. Wr.; als', t' s'e tht. we a'e. dl. td.

Wr. Br. Jd., th' Sd's. plc. i th 🏛.

5d. A' th. rt. hn. o' th. Wr., i th. E.

Wr. Yr. dt. thr., Br. Sd.

Sd. T' ca'. ords. frn. th. Wr. i th. E. t' th. Sw. i th. W., o'r elswhr. abt. th. 🏛 as h' m'y drct., atn. t' al'ms. a' th. inr. dr., wlcm. an' clth. vstg. Brn., als' t' rev an' condt. cndts.

Wr. Th. Sc. plc.

6d. A' th. lf. hn. o' th. Wr. i th. E.

Wr. Yr. dty. thr., Br. Sc.

Sc. T' obs. th. Wr.'s wl. an' plsr.; rcrd. th. prcdgs. o' th. 🏛, trnsmt. a cpy. o' th. sm. t' th. Gnd. 🏛 if reqrd., rcv. al mns. pd. int' th. 🏛 b' th. Brn., p'y. th. sm. ovr t' th. Trs., an' tk. hs. rct. thfr.

Wr. Th. Trs. plc.

Sc. A' th. rt. hn. o' th. Wr. i th. E.

Wr. Yr. dt. thr., Br. Trs.

Trs. T' rcv. al mns. pd. i t' th. 🏛 frn. th. hns. o' th. Sc., kp. a rglr. an' js. act. o'

th. sm., an' p'y. i't ou' b' ord. o' th. Wr.
an' th. cnsnt. o' th. 🛆.

Wr. Th. Jw's. sta.

Trs. I. th. S., Wfl.

Wr. Wh. i th. S., Br. Jw.

7w. T' obs. th. su. a' mrdn., wh. i' th. glry. an' bty. o' th. d'a.; t' cl. th. cft. fm. lbr. t' rfshmts., an' supntnd. thm. drng. th. hrs. thrf., crfly. t' obs. tht. th. mns. o' rfshmts. a'e nt. pvtd t' intmpc. an' xcs., an' s'e. tht. th'y rtn. t' thr lbr agn i d'e s'asn —tht. th. Wr. m'y. rcv hnr. an' th'y plsr. an' prft. thby.

Wr. Br. Jw., th. Sw's. sta.

7w. I. th. W.

Wr. Wh. i th. W., Br. Sw.

8w. As th. su. i' i th. W. a' th. cls. o' th. d'a., so stns. th. Sw. i th. W. t' as't. th. Wr. i. opg. an' clsg. th. 🛆; p'yng. th. cft. thr wgs. i'f an'y b. d'e, tht. nn. m'y g–o aw'y. dstsfd., hrmny. bng. th. supprt. o' al insttns, espcly. ths. o' ous.

Wr. Br. Sw., th. Rabban's sta.

Sw. I. th. E.

Wr. Wh. i th. E.

8w. As th. su. rs's. i th. E. t' op. an' gvn. th. d'y., so rs. th. Wr. i. th. E. t' op. an' gvn. th. 🜁, st. th. cft. t' wk., gvn. thm. ppr. instctns. fo' thr. lbr.

Wr. Br. 8w.

8w. Wr.

Wr. It is m' ord. tht. — 🜁 — be n'w op. i th. fs. rnk. i Esnsm, an' stn. op. f' wk. an' instcn. Ths. u. wl. cmnct. t' th. Jw. i th. S., an' h' t' th. Brn. prsn, tht th'y hvg. d'e. ntc. thrf. m'y. gvn. thmsls. ac'ly.

8w. Br. 7w.

Jw. Br. Sw.

Sw. It i' th. ord. o' th. Wr. tht. — 🜁 — b. nw. opd. i th. fs. rnk. i Esnsm, an' stn' op. f' wk. an' instctn. Ths. u. wl. cmnct. t' th. Brn. prsn. tht. th'y. hvg. d'e. ntc. thrf. m'y. gvn. thmsls. ac'ly.

Jw. Brn., it i' th. ord. o' th. Wr. i th. E., cmnctd. t' m-c thrh. th. Sw. i th. W., tht. — 🜁 — b. nw. op. i. th. fs. rnk. f' wk. an' instctn., th. sm. I cmnct. t' u. tht. u. hvg. d'e. ntc. thrf. m'y. gvn. ysls. ac'ly.

Wr. I nw. d.clr. — 🜁 — op. i. th. fs. rnk. Br. Jd., infm. th. T.

5d. Th. T. i' infmd.

Wr. Bro. Sd., atn. t' th. al. an' dspl. th. thr. gt. lts. in Esusm.*

Sd. Thr. i' an al'm. a' th. iur. dr.

Wr. Atn. t' th. al'm. an' astu. th. cs. thrf.

6d. thn. gvs. thr. nks. on th. dr i. ans., an'. 'sks., Wh' cms hr.

S. M. C. — I, J. H., a pr. bln. cndt. wh' hs. lng. bn. dsrs o' hvng. an' revg. a prt. i. th. rts., lt. an' bnfts. o' ths. wfl. ⚒, crctd. t' G., an' d'dctd t' th. mry. o' th. Hl. Sts. J., as all Brs. an' flws. hv. dn. wh' hv. gn. ths. w'y b.fr. hm.

Sd. Mr. J. H., i' ths. an ac. o' yr. o'n fr. wl. an' acd.

Cand't. It i'.

6d. Br. M-c., i' h. wthy. an' wl. qlfd.

M-c. H. i'.

Sd. Dl. an' trl. prpd.

M-c. H. i'.

6d. B' wt. fthr. rt. ds. h. xpc. t' obt. ths. imptn. prvlg.

M-c. B' b.ng a mn. fr. brn. o' lwfl. a'e an' wl. rcmnd.

---

* See Appendix I.

6d. Snc. th. cnd't i' i. psn. o' a'l ths. ncry. qlfctns., h. wl. wai. untl. th. Wr. i' infmd. o' hs. rqst. an' hs. ans. rtrnd. (th. Sd. nw. rtns. t' th. al., fcs. th. E., an' cmncs. th's dialg. wth. th. W. R.).

Sd. Wr., thr. i' wtht. Mr. J. II., a pr. bln, cnd't, wh' hs. lng. bn. dsrs. o' hvg. an' rcvg. a prt. i th. rts., lt. an' bnfts. o' ths. wfl. 🏛, erctd. t' G. an' ddctd. t' th. mmry o'. th. Ill. Sts. J., as al. Brs. an' flws. hv. dn. wh. hv. gn. ths. w'y b.f're. hm.

Wr. I. ths. an ac. o' hs o'n fr. wl. an'. ac.

6d. It i'.

Wr. I. h. wthy. an' wl. qlfd.

Sd. II. i'.

Wr. Dl. an' trl. prpd.

6d. H. i'.

Wr. B' wt. fthr rt. ds. h. xpc. t' obt. ths. imptt. prvlg.

Sd. B' b.ng. a mn. fr. brn. o' lwfl ag' an' wl. rcmnd.

Wr. Snc. th. cndt i' i. psn. o' a'l ths. ncsry. qlfctns. le. hm. ent. ths. wfl 🏛 o' F. an' Acd. Esus, i. th. nm. o' G., an' b. rcd i. d'e an' anc. f'rm.—th. Sd. rtns. an' ops. th. inr. dr., sa'ng, Le'. hm. ent. ths. wfl o' F. an' Acd. Esns. i. th. nm. o' G., an' b. rcd. i. d'c an' anc frm.

Th. Sd. thn. condts th. cndt t' th. frnt. o' th. Sw. i' th. W., an' brs. hs lf. bs., sa'ng, Mr. J. H., I 'm comnd' t' rcv u. on th. pt. o' a shp. instm. pcg. yr. nd. lf. bs. (h' hrc plcs th' instm), th. mral. o' wh. i' t' th. u. tht as ths. i' an instm o' trtr t' yr. fls. s'o shd. th. rcolctn. thrf. b. t' yr mnd an' cncnc. shd. u. evr prsm t' rvl. th. scs. o' F Esnsm unlwfly.

An ode i' nw sng—th' cndt stl stndg. —af wh th' Sd. cndts hm t' the nrth, whn th. R. stps. hm wth. a rp. fm. th. gvl., s'yng : "Le' no mn. ent. upn any grt or imprtnt undtkng, wiht fst invkng th ai o' De ;"— thn ords th Sd. t' cndt. th cnd't t' th al an' cs. hm t' knl fo' th bnft o' pr'yr. Th' flwg wds m'y b' used, or any othr sutbl fo' th occasn : "Vuchsfe thnc ai, Almht Fthr o' th Univrs, t' ths ou' prsnt cnvntn, and grnt tht ths cndt fo' Esnsm m'y dedct an' d'vtc hs lfe t' th' srvc, an' bcom a tru an' fthfl br amng us! Endu hm wth a cmptncy o' th' dvne wsdm, tht b' th scts. o' ou' a't h' m'y b bttr enbd t' dsplay th bties o' b'thrly lv rl'ef an' trth, t' th hn'r o' th cft. an' th glry o' th' Ill Nm. Amn.

Rspnd t' b' al, S—o mt. i't b.

Wr. (t' cnd't)—I. whm d' u. pt yr. trs.

Cndt. I. G.

Wr. Yr trst. b.ng. i G., yr fth. i' wl. fnd. Ari., f'lw yr. cndtr. an' fr. no dng.

Th cnd't i' thn. cndtd arou th. ⚐ t' th. S. whr. th. Jw. gvs. ou' rp.; thn. t' th. W. whr. th. Sw. gvs. on' rp., th. R. mntme rpting th fllwng pssag o' Scrptr: "Bhld hw gd an' hw plsnt it i's fo' brn t' dwl tgthr i unty. I't i' lke th' prcs. oi. upn th. hd. tht. rn. dwn upn th. brd., evn Arns. brd.; tht. rn. dwn t' th skrts. o' hs grmnt as th. dw o' Hrmn. an' as th. dw. tht dcnd. upn th. mntn. o' Zi'n., fo' thr th Lrd cmmndd th blsng, evn lfe fo' evrmre;" aft wh. th cand't. i. cndtd. t' the S., an. cndtr. gvs. thr. rps. wth hs stf. whh i' rspnd. t' b' th Jw. wth on' rp.

Jw. Wh cms. hr.

6d. J. II., a pr. bln. cndt. wh' hs. lng bn. dsrs. o' hvg. an' recvg. a prt. i' th. rts., lt. an' bnfts. o' ths wfl. ⚑, erctd t' G. an' ddctd t'. th. mmry. o' th. Ill. Sts. J., as a'l brn. an' flws. hv. dn. wh' hv. gn. th's. w'y. bfr. hm.

Jw. Mr. J. II., i' ths. an ac. o' yr o'n fr. wl. an' ac.

Candt. It i'.

7w. Br. Sd., i' h' wthy. an' wl. qulfd.

Sd. He i'.

Jw. Dl. an' trl. prpd.

6d. He i'.

7w. B' wht. fthr. rt. ds. h' xpct. t' obt. ths. imptt. prvlg.

Sd. B' bng. a mn. fr. brn. o' lwfl. ag' an' wl. rcomnd.

7w. Snc. th. cndt. i' i possn. o' a'l ths. necsry. qulfctns., u. wl. cndt. hm. t' th. Sw. i. th. W., fo' hs xmnatn. (Sd. condts. th. cndt. t' th. W., an' gvs. thr. rps. wh. a'e. ans. b' on' rp. b' th. Sw.)

8w. Wh' cms. hr.

Sd. Mr. J. II., a pr. bln. cndt. wh' hs. lng. bn. dsrs. o' hvg. an' rcvg. a prt. i' th. rts., lt. an' bnfts. o' ths. wfl. ⚒, erctd. t' G. an' ddctd. t' the mmry. o' th. Ill. Sts. J., as al' brn. an' flws. hv. dn. wh' hv. gn. ths. w'y bfr. hm.

8w. Mr. J. II., i' ths. an ac. o' yr. o'n. fr. wl. an' acd.

Cand't. It i'.

Sw. Br. Sd., i' h' wthy. an' wl. qlfd.

6d. He i'.

8w. Dl. an' trl. prpd.

Sd. He i'.

Sw. B' wht. frthr. rt. ds. h' xpct. t' obt. ths. imptnt. prvlg.

6d. B. b.ng. a mn. fr. brn. o' lwfl. ag' an' wl. rcmnd.

8w. Snc. th. cndt. i' i pssesn. o' al' ths. ncsry. qulfctns., u. wl. cndt. hm. t' th. Wr. i. th. E. fr. hs. xmnatn. (Sd. cndts. cndt. t' th. E. whr. rps. a'e gvn. an' ansd. as b.fr.

Wr. Wh. cms hr.

Sd. Mr. J. II., a pr. bln. cndt. wh' hs. lng. bn. dsrs. o' hvg. an' rcvg. a prt. i' th. rts., lt. an' bnfts. o' ths wfl ⚒., erct. to G. an' ddctd. t' th. mmry. o' th. hl. Sts. J., as al.

Brs. an' flws. hv. dn. wh' hv. gn. ths. w'y. b.fr. hm.

Wr. Mr. J. H., i' ths. an ac. o' yr. o'n fr. wl. an' acd.

Cndt. It i'.

Wr. Br. 6d., i' h' wthy. an' wl. qlfd.

6d. H' i'.

W. Dl. an' trl. prpd.

Sd. H' i'.

Wr. B. wt. fthr. rt. ds. h' xpc. t' obtn. ths. imptnt. prvlg.

6d. B' b.ng. a mn. fr. brn. o' lwfl. ag' an' wl. rcmnd.

Wr. Whnc. cm. u., an' whthr. a'e. u. trvlg.

6d. Frm. th. W. an' trvlg. E.

Wr. W'y d'd. u. lv. th. W. an' trvl. E.

Sd. I' srh. o' lt. i' Esnsm.

Wr. Snc. th' cndt. i' i. possn. o' a'l. ths. ncsry. qlfctns. an' i. srh. o' lt. i. Esnsm, u. wl. rcndt. hm. t' th. Sw. i. th. W. wh' wl. tch. hm. hw. t' aprh. th. E. i. d'e. an' anc. frm. (Sd. rcondts can' t' th. W. an' s'ys): Br. Sw., it i. th. ord. o' th. Wr. tht. u. tch.

ths. cndt. hw. t' aprch. th. E. i. d'e. an' anc. frm.

8w. u. wl. cs. th' cnd't. t' fc. th. E. (th' cndt. i' so plced, whn th' Sw. s'ys t' cnd't.), u. wl. tk. o'e stp. i' advnc. o'n yr. lf. ft., brngng. th. hl. o' th. rt. t' th. hlw. o' th. lf., thby. fmng. th. rt ngl. o' an obln. sq.

Sw. Wr., th. cndt. i' i. ord.

Wr. Mr. J. H., b.fr u. cn prcd any fthr i. Esnsm it wl. b. ncsry. f' u. t' tke. upn. yrsl. a slm., an' bndg. obg., an' I as R. o' ths. ⚜ asr. u. thr. i. nthg. thrn. cntnd. wh. wl. cnflct. wth. yr. mral., socl., or civl. prvlgs. or dts. Wth. ths. asrnc. on m' prt a'e u. wlg. t' prcd.

Cndt. I 'm.

Wr. Thn. advc. t' th scrd al. o' Esnsm an. thr. knl. on yr nd. lf. kn., yr. rt fm'g. th. ngl. o' a sq., yr lf. hn. suptng. a' yr rt. rstg. on th. H. B., Sq. an. Cps.

(Th. Sd. plcs cndt. i. postn.)

Sd. Wr., th. cand't. i. in d'e frm.

(Th. Wr. thn. cls th. ⚜ t' its ft. an' th.

dns. tk. thre statns. o'n ea. sd. o' th. al., whn th. Wr. ss. t' th cndt.)

Wr. Mr. J. H., i'f u. a'e stl. wlg. t' tk upn ysl. th. slm. obg. prnc. yr nm i. fl. an rpt. af. m–e: I, J. H., o' m' o'n. fr wl. an' acd., i. prsnc. o' Alm. G. an' ths. wfl. o' F. an'. acd. Esns., erct. t' G. an' ddctd t' th. mmry. o' th. Ill Sts. J., d' hby. an' hrn. slml an' sncl. prms. an' swr. tht. I wl. kp. an' cnc. an' nv. rvl. an'y o' th. sc. at. or ats., pt. or pts, pnt. o'r pnts. o' th. hdn. ms. o' anct. F Esnsm tht. I hv. rcd., 'm abt. t' rcv., or m'y b. hrftr instcd i, t' an'y prsn xcp. i't shl. b. t' a wthy Br. E. P., o'r wthn. th. bd. o' a js an' dl. cnstd. o' sh., an. nt. unt. hm. o'r thm. whm I shl. hr. s'o t' b., bt. unt. hm. o'r thm onl whm. I shl. fnd. s'o t' b. aft. d'e trl., stct. xmnatn., o'r lwfl. Esnc inf. Furth'mr. I d' prms. an' sw. tht. I wl. nt. wrt., ind., prn., pai., stm., stai., hw., cu., cv., mk., or engv. th. sm. upn any thg. mvbl. or imvbl., whby. o'r whrn. th ls. wd., sb., lt, or chrc. ma. b.cm. lgb. or intlgb. t' msl. o'r anthr., whby. th. scs. of F Esnsm. ma' b. unlwfly. obtd.

thrgh m' unwthns. T' a'l. o' wh. I d slml. an' sncl. prms. an' sw., wtht. an'y hstn., mnt. rsvtn., o'r sct. evsn. o' mnd i. m–e whtvr., bndg. m'sl. und. n'o ls. a pnl. thn. tht. o' hvg. m' thr. cu. acs., m' tg. tn. ou. an' bd. i. th. sns. o' th. s'a a' lw. wt. mk. whr. th. td. 'bs. an' flws. twc i twnt.-fr. hrs., shd. I ev. knwnly o'r wlfly. vlte. ths. my. slm. obn. o' E. P. S'o hp. m–e G. an' mk' m–e. stdfs. t' kp. an' pfm. th. sm.

Wr. I tkn. o' yr. sncty. ks. th. H. B. o'n wh. yr. rt. hn. rs.

Br. 6d., remv. th' c'to. a's w–e nw. hld. th. Br. b' a strngr. t'e.

Wr. M' Br., i. yr. prsn. s'tuatn. wt. d' u. mst. dsr.

Cnd.t (prmtd b' Sd.) Lt. i. Esnsm.

Wr. Brn., strh. frth. yr. hns., an' as't. m'e e. i. brngn. ths. nw. md. Br. t' tr. Esnc. . lt (Hr. th. Brn. surndg. th. al. plc. thmsls. und. th. dg. an' sn. o' E. P.s.)

Wr. I th bgnng G creatd th hvns an' th eart. An' th eart ws witht frm an' voi, an' drkns ws upn th fc o' the dp, an' G sd, Lt thr b lt, an' thr ws lt.

An' nw, i hmbl cmmmortn o' ths grt an' augst evn, I s'y, Esncly., lt thr. b. lt.

Wr. Br., on b.ng. brt. t' lt. i. ths rnk. u. b.hld th. thr. grt. lts. o' Esnsm, b' th ai' o' th. rprsntvs o' th. thr. lsr. Th. thr. grt. lts. a'e, th. H. B., Sq., an' Cps. Th. H. B. i' gvn us as th. r'le and gui o' ou fth an' prtce, th. Sq. t' sq. ou' actns., an' th. cps. t' crcumscb. ou. dsrs. an' kp. ou. psns. wthn. d'e bns. wth al. mn.knd., bt. mr. espcly. wth. a Br. Esn.

Th. thr. lsr. lts. a'e th. Su., Mn., an' th. R. o' th. ▨, an' a'e ths. xplnd. : as th. su. rls. th. d'y, an' th. mn. gvns. th. nt., s'o shd. th. Wr., wth. equl. rglrty., rl. an' gvn. th. ▨.

Th. rprsntvs. o' th. thr. ls. lts. a'e thr. brng. cndls. o'r taprs., plcd. upn. cndl. stcs., o'r pdstls., an' situatd. E., W., an' S. abt. th. Al.

(The Wr. thn. rtrs. an' agn. advncs.—th. Sd. adrsg. th. cndt. thus) :—

6d. u. nw. bhld. th. Wr. aprhg. u. fm. th. E. upn. th. stp. und. th. dg. an' sn. o' an E. P.

Wr. M' Br., an E. P. advncs on' stp. on hs. lf. ft., brngng th. hl. o' hs. rt. t' th. hlw. o' hs. lf.—ths. i' th. dg. (gvng. it), an' al'ds. t' th. postn. i' wh. yr hns. wr. plcd whl. tkng. upn yrsl. th. slm. obg.; ths. i' th. sn. (gvs. it), an' al'ds. t' th. pnlt. thrf.; ths. dg. an' sn. a'e alwys. t' b. gvn. t' th. R. o'n entg. o'r retrng. fm. a 🛡 o' E. P's.

Wr. I nw. prsn. u. m' rt. hn., i'. tkn o' frnshp an' bthly. lv., an' wth. it wl. prcd. t' invs. u. wth. th. gp. an' wd., bt. a' u. a'e uninstctd. h' wh hs. hthrto. ans. fo' u. wl. d' s'o a' ths. tm.

(Wr., t' cndt., Tk. m—e, Br., a' I tk. u. Sd. ansng fo' cndt.)

Wr. I hai.

6d. I ccl.

Wr. Wt. d' u. ccl.

Sd. Al o' th: scs. o' Esns i Esnsm, t' wh. ths. tkn. al'ds. (h' gvs. th. gp.)

Wr. Wt. i' tht.

6d. A gp.
Wr. O' wt.
Sd. O' an E. P..
Wr. Hs. i–t a nm.
6d. I–t hs.
Wr. Wl. u. gv. i–t. t' m–e.
6d. I d.d n.t s'o rcv. i–t, nthr. wl. I s'o impt i–t.
Wr. Hw. wl. u dsps. o' i–t.
Sd. Lt. i–t, or hv. i–t.
Wr. Lt. i–t an' b.gn.
6d. u. b.gn.
Wr. B.gn. u.
(Th wd. an' mnnr of gvng mst be lrnd in th 🔺.)
Wr. (Hlpg. cndt. t' ris. fm. th. Al.). Ris, m' Br., and salu. th. J. an' Sw'ns, an' stsfy. thm. tht. u. a'e i. posn. o' th. stp., dg., sn., gp., an' wd. o' an E. P.
(Sd. nw. tks. cndt. b' th. rt. 'rm. an' prcds. t' th. Jw's sta. i. th. S., sto's, an' gvs. thr. rps wth. hs. stf. on th. flr., wh. 's rspnd'd t' b' the Jw. wth. hs gvl. onc.)
Jw. Wh. cms. hr.

6d. A wthy. br. E. P.
Jw. Hw. m'y I knw. hm. t' b. sh.
Sd. B' crtn. sns. an' a tkn.
7w. Wt. a'e sns.
6d. Rt. 'ngls., hztls., an' ppdcls.
7w. Advc. a sn.
(Sd. gvs. dg. o' E. P.)
Jw. IIs. tht. an alsn.
6d. I–t hs. : t' th. pstn. i. wh. m' hns. wr. plcd. whl. tkng. upn. msl. th sm. obg.
7w. IIv. u. a fthr. sn.
6d. I hv (gvs. sn. o' E. P.).
Jw. Hs. tht. an alsn.
Sd. I't·hs.—t' th. pnlt. o' tht. obg.
7w. Wt. i' a. tkn.
Sd. A crtn. frnly. or brthl. gp., whby. o'e Esn m'y. knw. anthr. i' th. dk. as i' th. lt.
7w. Advc. an' gv. m–e a tkn.
(Cndt. advncs. an' gvs. gp. o' E.P.)
Jw. Wt. i' tht.
Cndt. A gp.
7w. O' wt.
Cndt. O' an E. P. Essene.
Jw. Hs i–t a nm.

Cndt. I–t hs.

7w. Wl. u. gv. i–t t' m–e.

Cndt. I d'd nt. s'o recv. i–t, nthr. wl. I s'o imprt. it.

Jw. Hw. wl. u. dsps. o' i–t.

Cndt. Lt. i–t. o'r hv. i–t.

7w. Lt. i–t, an' b.gn.

Cndt. N'o, u. b.gn.

(Now see 🛡, fo' wd an' mnner of gvng it.)

Jw. I 'm satsfd. th. wd. i' rt.; condt. th. cndt. t'. th. S'w. i th. W.

(Sd. cndts. cnd't. t' th Sw. i. th. W., where the same is repeated as at the Jw's. statn i th S.,—thn twards th E., whn th. Wr. advcs an' prsnts. th cnd't. wth. a l. sk. or wt. ap., s'yng):—

Wr. M'. Br., ths. i' an. mblm. o' inoc. an' th. b'g. o' an Esn, mr. anc. thn. th. gldn. flce. or Rm'n. Eag.—mr. hnble. thn. th. str. an' grt. or an'y othr. ord. tht. cn. b· cnfrd. upn. u, a' ths. o'r an'y futr. perd, b' kng., prnc., ptnt., o'r any othr. prsn. xcpt. h'. b. an Esn. It i hped tht u. wl. wea. i' wth. plsr. t' yrsl. an' hnor t' th' Fr'ty. Ca. i-t t' th Sw. i th. W. wh' wl. tch. u. hw. t' wea. i't a's an E. P.

Sd. cndts. cnd'. t' th. W. an' s'ys., Br. Sw., i't i. th. ord. o' th. Wr. tht. u. tch. ths. nw. md. Br. hw. t' wea. hs. ap. as an E. P.

Th. Sw. tks. th. ap. an' t's. it o'n th. Cndt. wth th. fl. tnd up, remkng t' th. cnd't. as h. ds. s'o, At th. bldg. o' K. S's. t'. th. dfnt. bns. o' wkmn. w'r dstngshd by th. mnr. i' wh. th'y wor thei. aps. E.Ps. wor thrs. wth. th. fl. tnd. u'p t' prvnt. slng. th. clths; Esenicly, t' prvnt. dbng. wth. untmpd mrtr.; an' thu' u. wl. contnu. t'. wea yrs untl u. a'e frthr. advcd.

Sd. nw. cndts. th. Cnd't. t' th. frnt o' th. Wr. i th. E. wh. thu' addrs hm.

Wr. M' Br., agr'ably t' an anct estblshd cstom, adp'd i evry rglr an' wl govd ⚒ i' b.cms. m' d'ty a' ths. tm. t' dmd o' u. sm mtc sbs., nt so mh. o'n act. o' its intrnc wrth. or vlu as tht. i't m'y. b. d'pstd i' th. archvs. o' th. ⚒ as a m'mrial. tht. u. wr. a' ths. tm an'd plc. md. an Essn.

Cndt. I hv. nthg.

Wr. Nt. evn a pny. t' com'rt on' o' th.

mst imptnt evns o' yr. lf. M'. Br., ths i' t' tch u. tht shd. u. evr mt a m'mbr o' th. h'mn. f'mly., mr espcly an Esn, i lk dst s'tuatn i't wl. b. yr dty. t' cntrbt. as lbly t' hs. rlf. as hs ncsts. m'y reqr. an' yr ablty pmt. Bng. clthd. as an. E. P. I nw prsn u wth. th. wkg. tls. o' an E. P., wh. a'e., th. twnt.-fr. nch. gge. an' cmn. gv.

Th. twnt.-fr. nch. gge i' an instm. md us' o' b'y optv. Esns t' msr'. an' l'y. ou' thr. wk., bt. w–e as F. an' Acd. Esns mk. us' o' it fo' th. mr. nble an' glrs. prps. o' dvdg. ou' tm.; i't b.ng. dvd'd int twnt.-fr. equl. pts. i' mblmatcl. o' th. twnt.-fr. hrs. o' th. d'y., wh. we a'e. tau. t' dvd. int. thr. equl. pts., whrby. a'e. fnd. eght. hrs. fo' th. srvc. o' G. an' a dstrd. wrth. Br., eght. fo' ou' usl. voctns., an' eght. fr. rfshmt. an' slp.

Th. cmn. gv. i' an instm. md. us. o' b' optv. Esns t' brk. off th. crs. o' rgh. stns. th. btr. t' ft. thm. f'. th. bldrs. us'.; bt. w–e as F" an' Acd. Esns a'. tau. t' mk. us'. o' i't. fo' th. m'r nbl. an' glrs prps. o' dvstng. ou' hrts an' concs. o' al' th. vcs. an' suprflts. o' lf., thby ftng. ou' mnds. as lvg stns. f'. tht. sprtul. bldg., tht. hs. nt. md. wth. hns., etrnl. i' th Hvs.

Wr. Br. 6d., u. wl. nw. `cndt th Br. t' th. N. E. cor. o' th. 🜲.

Wr. M' Br. u. nw stn. i th. N. E. cr. o' th. 🜲 an uprt. m'n. an' Esn, an' I gv. i't u strcly. i' chrg. evr. t' wlk. an' ac. as sh. b.fr. G. an' m'n. I als. prsn. u. wth. a nw. nm. wh. i' cautn.; i't i' t' tch. u. t' b. cauts. ovr. yr. wds. an' acns., mr espcly. on th. sbjc. o' Esnsm whn. i. th. prsnc. o' i'ts enms.

Wr. Br. 6d., u. wl. nw. rcnd't. th. Br. t' th. plc whnc. h' cm., thr. invs. hm. wth. tht. o' wh. h' ws. d'vsd., an. rtrn. hm. t' th. 🜲 fo'. fthr. instcn.

Sd. an' Cndt. salu. th. Wr. b' gvn. th. dg. an' sn. o' E. P. an' retr., whn., aft. th. Cndt. i' clthd, th'y retrn, advnc. t' th. al., salu. th. Wr., whn. th. Sd. cndts. Cnd't. t' a sea' nr. th. Wr. wh. thu' adrs. hm.:

FRST. LCT.

Wr. M' Br., th. frms. an' crmns. thrgh. whh. w-c hv. psd m'y s'cm. lt. an' frvls. t

48

u., bt. I as'r. u. th'y hv. a dp. mral sgn-cnce. u. wl. thfr p'y prtcl atntn. t' th. sers. o' qsts. an' ans. bet m'sl. an' th. Sd., as hs. ans wl. b. yrs. on a'l futr. ocsns.

Wr. (to 6d.) Whnc. cm. u.

6d. Fm a ⌂ o' th. Hl. St. J. a' Jrlm.

Wr. Wt. cme. u. hr. t' d'.

Sd. T' ln. t' sbd. m' psns an' imprv. m'sl. i. Esnsm.

Wr. Thn. u. a'e an Esn., I prsm.

6d. I 'm so tkn. an' ac'p. amg. Brs. an' flws.

Wr. Hw. d' u. knw. ysl. t' b. an Esn.

Sd. B' hvg. bn. trd. nvr. dnd. an' am rdy. t' b. trd. agn.

Wr. Hw. m'y I kw. u. t'. b. an Esn.

6d. B' ctn. sns., a tkn., a wd. an' th. prfc. pnts. o' m' ntrnc.

Wr. Wt. a'e sns.

Sd. Rt. ngls., hzls., an' ppndls.

Wr. Advc. a sn. (Sd. gvs. dg. o' E. P.)

Wr. Hs. tht. an alsn.

6d. I' hs.: t' th. pstn. i wh. m' hns. wr. plcd. whl. I tk. upn. msl. th. slm. obg. o' E. P.

Wr. Hv. u. a fthr sn.
6d. I hv. (gvs. sn. o' E.P.)
Wr. Hs. tht. an al'sn.
Sd. I' hs.: t' th. pnlt. o' tht. obg.
Wr. Wt. i' a tkn.
6d. A crtn. frnly. or brthl. gp. whby. on' Esn m'y. knw. anthr. i th. dk. as i th. lt.
Wr. Advc. an gv. m-e a tkn. (Sd. gvs. gp. o' E. P.).
Wr. Wt. i' tht.
6d. A gp.
Wr. O' wt.
Sd. O' E. P.
Wr.—Hs. i't a nm.
6d. I't hs.
Wr. Wl. u. gv. i't t' m-e.
Sd. I d'd. nt. s'o rcv. i't, nthr. wl. I s'o impt. i't.
Wr. Hw. wl. u. dsps. o' i'.
6d. Lt. o'r hv. i't.
Wr. Lt. i't an' b.gn.
Sd. u. b.gn.
Wr. B.gn. u.—*See* 🝰 fo. wd and mnr of gvng it.

Wr. Whr. wr. u fs. prpd. t' b. md. an Esn.

6d. I. m' h'a.

Wr. Whr. nx.

Sd. I a roo. adjng. th. bd. o' a js' an' dl. cnstd ⟨sign⟩ o' F. an' Acd. Esns.

Wr. Hw. wr. u. prpd.

Sd. B' bng. dvst o' a'l. mtc. sbs., nthr. nd. 'or clthd., b.ft. nr. shd., lf. kn. an' bs. br., hwkd. an' a c'to onc abt. m' nk. i wh'. cndtn. I ws. cndtd. t' a dr. o' th. ⟨sign⟩ an' csd. t' gv. thr. dstnt. nks., wh. w'r ans. b' thr. fm. wthn.

Wr. Wt. ws. sd. t' u. fm. wthn.

6d. Wh. cms. hr.

Wr. Yr. ans.

Sd. A pr. bln. cndt., wh. hs. lng. bn. dsrs. o' hvg. an' rcvg. a prt. o' th. rts., lt. an' bnfts. o' ths. wfl. ⟨sign⟩, erct. t' G. an' ddctd. t' th. m' mry o' th. Ill. Sts J., as al. brn. an' f'lws. hv. dn. wh' hv. gn. ths. w'y. bfr. hm.

Wr. Wt. wr. u. thn. 'skd.

Sd. If ths. ws. an ac. o' my 'n fr. wl. an' acd.—if I ws. wthy an' wl. qulfd.—

dl. an' trl. prpd.—a'l. o' wh b.ng. ans'. i' th. afmtv., I ws. thn. 'skd. b' wht. fthr. rt. I xpc. t' obt. ths. impt. prvlg.

Wr. Yr. ans.

6d. B' b.ng. a mn. fr. brn. o' lwfl. ag' an' wl. rcmnd'.

Wr. Wht. wr. u. thn. tld.

Sd. Snc. I ws. i' psn. o' al. ths. ncsry. qlfctns. I shd. wai. untl. th. Wr. hd. bn. infmd. o' m' rqs., an' hs. ans. retnd.

Wr. Wht. ws. hs. ans. whn. rtnd.

6d. Le' hm. ent. ths. wfl. ⚒ o' F. an' Acd. Esns i' th. nme. o' G., an' b. rcd. i' d'e an' anc. frm.

Wr. Hw. wr. u. rcd.

6d. Upn. th. pt. o' a shp. instm pcg. m' nkd. lf. bs.

Wr. Hw. wr. u. thn. dspsed. o'.

Sd. Cndctd. t' th. cntr. o' th. ⚒, an' thr. csed. t' knl. fo' th. bnft. o' pra'r.

Wr. Aft. pra'r. wa't. wr. u. thn. 'skd.

6d. I. whm. I pt. m' trst.

Wr. Yr. ans.

Sd. I.'G.

Wr. Wt. wr. u. thn. tld.

52

6d. M' trst. b.ng i. G., m' fth. ws. wl. fnd'd; I ws. thn. tkn. b' th. rt. hn., ord' t' ris., flw. m' cndtr, an' fr. no dn.

Wr. Hw. wr. u. thn. dspsd. o'.

Sd. Cndtd onc. rglrly. arou' th. 🛡, and to th. Jw. i th. S., whn. th. sm. qsts. wr. 'skd. an' ans. rtnd. as a' th. dr.

Wr. Hw. d'd th. Jw. dsps. o' u.

6d. Drctd. m–e t' b. cndtd t' th. Sw. i' th. W. whr. th. sm. qsts. wr. 'skd an' ans. rt'rnd. as b.fr.

Wr. Hw. dd th. Sw. dsps. o' u.

Sd. Drctd. me t' b. cndctd. to th. Wr. i' th. E. whr. th. sm. qsts. wr. agn 'skd. an' ans. rtnd. as b.frc.; wh. als d.mnd. o' m–e whnc. I cm. an' whthr. I ws. trvln.

Wr. Yr. ans.

6d. Fm. th. W., trvlg. E.

Wr. W'y d'd. u. lv. th. W. an' trvl. E.

Sd. I' sch. o' lt. i' Esnsm.

Wr. Hw. dd. th. Wr. dsps. o' u.

Sd. Ordd. m–e t' b. rcndtd. t' th. Sw. i. th. W. wh' tght. m–e hw. t' apprch th. E i. d'e an' anc. frm.

Wr. Wt. i' tht. d'e. an' anc. frm.

6d. Advcg. one stp. on m'y lf. ft., brng'g th. hl. o' my rt. t' th hlw. o th. lf., thby. fmg. th. rt. 'ngl. o'. an. obl. sq.; bd. erct., fcng. th. E.

Wr. Wht. dd. th Wr. thn d'. wth u.

Sd. Md. m-e. an Essene.

Wr. Hw.

6d. In. d'e frm.

Wr. Wht. i' tht. d'e. frm.

6d. Knlng. upn. m' nd. lf. kn., m' rt. fmg. th. ngl. o' a sq., m' lf. hn. suptg. an' m' rt. rstg. o'n th. H. B., Sq., an' Cps., i wh. d'e. frm. I tk. upn. msl. th. sm. obg. o' an E. P.

Wr. Hv. u. tht. obg.

Sd. I hv.

Wr. Rept. i't.

6d. (Rpts. th. obg.)

Wr. Aft. tht. obg. wt. wr. u. thn. skd.

Sd. Wht. I ms. dsrd.

Wr. Yr. ans.

6d. Lt. i Esnsm.

Wr. Dd. u. rcv. i't.

Sd. I d'd., b' ord. o' th. Wr., wth th. astnc. o' th. Brn.

Wr. Upn. b.ng. brt. t'. lt., wt. d'd. u. b.hld.

6d. Th. thr. grt. lts. i Esnsm, b' th. ai. o' th. rpsntvs. o' th. thr. ls. lts.

Wr. Wt. a'e. th. thr. grt. lts.

Sd. Th. H. B., Sq., an' Cps.

Wr. Hw. a'e. th'y. xplnd.

6d. Th. H. B. i' gvn. us as th. rul'. an' gui. o' ou' f'th. an' prctc., th. sq. t' sq. ou' actns., an' th. cps. t' crcmscb ou' d'srs. an' kp. ou' pasns. wthn. d'e. bns. wth. al. mnkn., espcly. wth. ou' brn.

Wr. Wt. a'e. th. thr. ls. lts.

Sd. Th. Su., Mn., an' wr. o' th. 🙰.

Wr. Hw. a'e. th'y. xplnd.

6d. As th. su. rls. th. d'y., an' th. mn. gvns. th. nht., so shd. th. Wr., wth. eql. reglty., rl. an' gvn th. 🙰.

Wr. Wt. a'e. th. rprsntvs. o' th. thr. lsr. lts.

Sd. Thr. brng. cnd's. or tprs. plcd. i cndl-stks. or pdstls., situ'td. E., W., an' S.

Wr. Wt. d'd. u. nx. b.hld.

6d. Th. W. R. aprchg. m–e fm. th. E. upn. th. stp. und. th. dg. an' sn. o' an E. P., wh' prsntd. m—e hs. rt. hn. i tkn. o' frnshp. an' bthly. lv., an' procd'. t' invs. m—e wth. th. gp. an' wd., an' thn. ord'. m—e t' ris. an' salu. th. J. an' S'ws. an' satsf. thm. tht. I ws. i. possn. o' th. stp., dg., sn., gp., an'. wd. o' an E. P.

Wr. Wt d'd u. nx. b.hld.

Gd. Th. W. R. apprhng. m—e frm. th. E. a scnd. tm., wh' prsntd. m—e wth. a L. sk. or wt. ap., an' ord. m—e t' ca. i' t' th· Sw. i th. W. wh' tght. m—e hw. t' wea. i't as an E. P.

Wr. Hw. shd an E. P. wea. hs ap.

Gd. Wth. th. fl. tnd. up to prvnt. soilg. th. clths., or, Essenically, t' prvt. dbng. wth. untmpd. mrtr.

Wr. Wt. ws. thn. dmnd o' u.

Gd. Sm. mtc. sbs.,—nt so mh on act. o' i'ts intrnc wrth. or vlu. as tht. i't mght. b. d.pst. in th. archvs. o' th. 🙰 as a mmrl. tht. I ws. a' tht. tm. an' plc. ind. an Esn, bt. upn. strc. srh. fnd. msl. ently dst.

Wr. Wt. wr. u. nx. prsntd. wth.

Sd. Th. wkg. tls. o' an E. P.

Wr. Wt. a'e. thy.

Gd. Th. twnt.-fr. nch. g'ge an' cm. gv.

Wr. Hw. a'e. th'y xplnd.

Sd. Th. twnt.-fr. nch. g'ge i'. an instm. md. us' o' b' optv. Esns. t' msr. an' l'y. ou thr. wk., but w—e, as F. an' Acd. Esns, mk. us' o i't fo'. th. mr. nbl. an' glrus. prps. o' dvdg. ou' tm.; i't b.ng. dvd. int. twnt.-fr. eql. prts. i' mblmat'cl. o' twnt.-fr. hrs. o' th. d'y., wh'h. we a'e. tght. t' dvd. int thr. prts., whby. w—e fnd. eght. hrs. fo'. th. srvc. o' G an' th. relf. o' a dstrsd. wthy br., eght. hrs. fr. ou' usl. avcatns., an' eght. fo'. rfshmt. an' slp. Th. com. gv. i' an instm. md. us. o' b' optv. Esns. t' brk. off th. supfls. crs. o' rgh. stns. th. btr. t' ft thm. fo'. th. blds. us'; bt w—e, as F. an' Acd. Esns, a'e. tght. t' mk. us' o' i't f'. th. mr. nbl. an' gl'r's prps. o' dvstg ou' hrts. an' concns. o' a'l. th. vcs. an' suprflts. o' lfe, thby fitg. us as lvg. stns. fo'. tht. sprtu'l bldg., tht. hs. nt. md. wth. hns., etrnl i' th. Hvns.

Wr. Hw. wr. u. thn. dspsd o'.

Sd. Plcd i th. N. E. cr. o' th. 🔺, wth. th. hl. o' m' r. ft. i' th. hlw. o' th. lf. m' bd. erc., facg. th. Wr. i' th E., wh' thn. infmd. m—e tht. I std. an uprt. mn. an'

Esen. an' gav' i't m–e stctly. i. chg. evr. t' ac. an' wlk. as s'h. bfr. G. an' mn.

Wr. Wt. wr. u. thn. prsntd. wth.

6d. A nw. nm. wh' ws. caut. I't i' t' tch. m–e t' b. cauts. ovr. m' wds. an' actns., mr. espcly. on th. sbjc. o' F Esnsm whn i' th. prsnc. o' i'ts enms.

Wr. Hw. wr. u. thn dspsd o'.

Sd. Rcndtd. t' th. plc. fm. whnc. I cm., invs. wth. tht. o' wh' I hd. bn. dvs., an' i' d'e. tm. rtnd. t' th. 🔨 fo'. fthr. instrctn.

Wr. M' Br., ths. 'nds. th. fs. lct. u wl. agn. pa. atn. t' th. ans. o' th Sd. as th'y. xpln. th. prcdg.

SECÒND. LCT.

Wr. Wh. wr. u. dvst. o' a'l. mtc. sbs. whn. md. an Esn.

6d. Fo' tw. resns., fs. tht. I mght. ca. nthg. ofnsv. or dfnsv. int. th. 🔨 ; secnd., a' th. bldg. o' K. S. T. thr. ws. nt. hrd. th. snd. o' an. X. hmr. or any mtc. tl.

Wr. Hw. cd. an edfc. so stupnds. b. crct. wthut. th. ai. o' an'y mtc. tl.

6d. Th. stns. wr. hwd., sqrd., an' numb'd. i' th. qurs. whr. ra'sd., th. tmbr. fld. an' prpd. i' th. f'rst. o' L'bnon, cnvd., thnc. i' flts. b' s'a t' Jpa., an' fm. thnc. b' lnd. t' Jrlm., whr. th'y. wr. st. up b' th. ai. o' wdn. instms. prpd. fo'. tht. prps.; an' whn. th. bldg. ws. cmpltd. ea. prt. thr'of. fit'd. wth. sh. xact. ncty. tht. it hd. mr. th. apprnc. o' th. hndy wk. o'. th. supr'm. arch'tc. o' th. unvrs. thn. o' humn. hns.

Wr. Wh. w'r. u. nthr. nkd. nr. clhd.

Sd. Esensm rgrds. no mn. fo'. hs wrldly wlth or hnrs; it is the intrnl an' nt th xtrnl qulificns o' a mn tht remmnds hm t' Esns.

Wr. Wh. wr. u. nthr. b.ft. nr shd.

6d. Agrably t' an ancit Isrlitsh cstom adptd amg Esns. We rd i th bk o' Rth cncrnng thr mnnr o' chnging an' rdemng, tht to cnfrm al thngs a mn plkd off hs sho' an' gv i' t' hs nghbor; tht ws tstimny i Isrl; ths, thrfr, w'e d' tstfyng i th strngst mnnr pssibl th sincrity o' ou' intntns i th wrk i wh we a'e enggd.

Wr. Wh wr. u. hwkd. an' a c'to. abt. yr. nk.

6d. Fo' thr. rsns. :—fs., tht. m' ha. mt. cncv. bfr. my e's. b'hld. th. b'ts. o' Esnsm; secn, tht. as I ws. i dkns. i't ws. t' tch. m-e tht. I sh'ld kp. th. whl. wrld so rspctg. th. scs. o' Esnsm, excp. sh. as wr. jstly enttld t' rcv th. sm. as I ws. abt. t' bcm.; thrd, hd. I nt cnfnd t' th. cermns. o' m' initn., thby. rvlng. msl. unwthy. t' b. tk'n. ‾ b' th. hn. as an Esn, I cd. b' th. ai. o' th. c'to. hv. bn. ld. ou' o' th. ⌂ wth't. hvg. bhld th. frm. thf.

Wr. Wh' wr. u csd. t' gv. thr. dstnc. 'nks.

6d. T' al'm th. ⌂, an' lt th. Wr., Wns., an' Brthn. knw. tht. a pr. bln. cndt. crvd. admsn.

Wr. T' wt. d'. ths. thr. 'nks. al'd.

Sd. T' a crtn. psge. o' Scrptr. wh. rds., 'sk. an' y'e shl rcv., se'k an' y'e shl fnd., 'nk. an i't shl. b. opd unt. u.

Wr. Hw. d'd u. ap'ly. ths. t' yr. thn. sitatn. i Esnsm.

6d. I 'skd. th. rcmnd'tn o' a frn. t' b md. an Essene; thrgh. hs. rcmnd'tn I sght. initn.; I 'nkd, an' th. dr. o' Esnsm ws opd. t' m'e.

Wr. Wh wr. u. rcd. on th. pnt. o' a s'p. instm. pcg. yr. nkd. lf. bs.

6d. I't ws. t' tch. m-e tht. as tht. ws. an instm. o' trt. t' m' flh., so mt. th. rclctn. thr'f. b. t' m' mnd. an' cnsnc. shd. I evr. presm. t' rvl. th. scs. o' Esnsm ulwfly.

Wr. Wh. wr. u. csd. t' knl. fo'. th. bnft. o' pra—.

Sd. No mn. shld. 'ntr. upn. any grt. an' imptnt. undtkg. wtht. fs. invokng. th. ai. o' Dei.

Wr. Wh' wr. u. 'skd. i whm. u. pt. yr. trs.

6d. Agrbly. t' ou' anc. lws. no Ath'st. cn. b. md. an Esn; i't ws. thrfr. ncsry. tht. I shd. xprs. m' blf. i Dei., or no obg. wd. hv. bn. consd'. bndg.—

Wr. Wh' wr. u. tkn. b' th. rt. hn., ord'. t' ari'., flw. yr. cnd. an' fr. no d'ng.

Sd. As I ws. i dkns. an'. cld. nthr. frse. nr. avd. dng. i't ws. t' tch. m-e tht. I ws.

i th. hns. o' a fthfl. frn. i whs. fdlty. I mt. wth. sfty. cnfd.

Wr. Wh wr. u. cndtd onc. arou. th. 🛆.

6d. Tht. th. Wr., Wns. an' Brn. mt. s'e. tht. I ws. dl. an' trl. prpd.

Wr. Wh wr. u. csd. t' mt. wth. th. svrl. obstns. on yr. pssg. arou th. 🛆.

6d. Ths. an' evry. wl. regltd. 🛆 o' Essns i' or o't. t' b. a corct. rprsntatn. o' K. S's. T. wh. hd. grds. statnd. a' th. S., W., an' E. gts. t' prvnt. any. psng o'r rpsng xcp sh as wr. dl qulfd. an' hd. pmsn. fm. K. S.; i't ws. thfr. ncsry. tht. I shd. mt. wth. ths. sevrl obstns. an' b. at ech. o' thse. statns. dl. xamnd.

Wr. Wh wr. u. csd. t' knl. on yr. nd. lf. kn. an' nt. yr. rt. or bth.

Sd. Th. lf. sde. hs. evr bn dmd. th. wkst. prt. o' th. hmn bd; i't ws. thrfr. t' tch. m-e tht. i't ws. th. wekr. prt. o' Esnsm tht. I ws. takn. upn msl., b.ng. tht. o' E. P. only.

Wr. Wh wr. u. csd. t' plc. yr. rt hn. on th. h. B., Sq. an' Cps., an' nt. yr. lf. o'r bth.

6d. Th. rt. hn. hs. i al. ags. bn. dmd. th. s't. o' fdlty. ; th. ancts. wrshpd. a Dei. nmd. fds. or fdlty. sm'tms. rpsntd. b' t'o. rt. hns. jnd. togthr., smtms. b' to. hmn. figrs. hldng. ech. othr. b' th. rt. hn. The rt., thrf., w'e us' i ths. grt. an' imptnt. undrtkng., tstfing. thrby. i th. stngst. mnr. psibl. th. fidlity o' ou' prps. i th. wk. i wh. we a'e eng'gd.

Wr. Wh wr. u. prsntd. wth. a L. Sk or wt. ap.

6d. Th. L. hs. i a'l. ag's. bn. dmd. an 'mblm. o' inoc.; h'., thrfr., w' wrs. th. L. Sk. as a bg. o' an Esn i' thby. contnuly. rmnd. o' tht. purity o' lfe. an' cndt. wh i' esentaly. necsry. t' gning adm'sn. int tht. clstl. abv., whr. th. Suprm. Archtc o' th. Unvrs. prsds.

Wr. Wh ws. a dmnd. md o' u. fo'. an. mtc sbs.

Sd. I't ws. t' tch. m—e tht. shld. I evr. mt. a mbr. o' th. h'mn. fmly., mr espcly. a Br. Esn., i lk. dst crcmstncs. I shd. contrbt. as librly. t' hs. rlf. as hs. ncsts mt. rqr. or m' ablty. prmt.

Wr. Wh wr. u. plcd. i th. N. E. cr. o' th. ⌂.

6d. I. al pblc. bldgs., espcly. ths o' an Esnc ntr.—th. fs. stn. i' ld. i. th. N.E. cr.; I ws. thrfr. plcd. i. th. N.E cr. t' rcv. my fs. instctns. whrn. t' bld. m' futr. mrl. an' Esnc cdfc.

Wr. Wh wr. u. prsntd. wth. a nw. nm.

Sd. T' tch. m–e evr. t' b. cauts. ovr. m' wds. an' actns., espcly on th. sbjc. o' Esnsm whn. i. th. prsnc. o' i'ts enms.

Wr. Hw. wr. thn. dspsd. o'

6d. Recndtd. t' th. plc. fm. whnc. I cm., invs. wth. tht. o' wh. I hd. bn. dvs., an' rtnd. t' th. ⌂ f'. fthr. instctn.—

THIRD SECN.

Ths sctn. flly xplns th mnner o' cnsttng, an' th prpr authty fo' hlding a ⌂. Hre, als, w'e lrn whr Hadoths wr. anctly hld; thr frm, supprt, cvring, frnitur, ornmts, lts., an'd jls. Hw stuatd, an' t' whm ddictd, as wl i frmr tmes as a' th prsnt.

I' an asmblg. o' Esns dl. cngrgt., hvg. th H. B., Sq. an' Cps., an' a chrtr. or dspntn fm. sm. G. Bd. o' cmpt. jusdctn., authrzng. thm. t' wk. metgs a' th prsnt da' a'e usly hld i' upr. chms., prbably fo' th betr secty. wh'h. sh. plcs. afrd. The cstm mght hv hd i'ts orgn i a prctc obsrvd b' th anct Jws, o' bldng thei tmpls, schls, an' snaggues on hgh hlls, a prctic wh scms t' hv mt th aprbatn o' th Almhty, wh' sd unt th prphet Ezkl: "Upn th tp o' th mntn, th whl lmt throf—rnd abt shl b mst hly."

I'ts frm i' oblg., an' i'ts dmnsns. fm E. t' W., embracg evry clm btwn. N. an' S.—in fct, i'ts unvrsl chn o' frnshp encrcls evry prtn o' th humn fmily, an' bms whrvr cvilizatn xtnds. Ths dnot's th unvrsalty o' F Esnsm, an' i' t' tech us tht an Esn's chrity shld b eqly as xtnsv.

Th Esnc. bnd'd onl b' th. xtrm pts. o' th. cmps.—th hghst. hvns. an' th lwst. dpths of cntrl abs.—an' i' metaphricly supprtd. by thr. gt plrs, wh ar demnnatd, Wsd., Strnth., an' Bty, bc'use thr. shd. b. Wsd. t'. c'ntrv, Strnth t'. supprt., an' Bty. t'. adrn. al. grt an' imptnt. undrtkings.

Th. univrs. i' th. tmpl o' th. Dei. whm w'e srv. Wsdm, Strenh, an' Bty a'e abt IIs thrne, as plrs o' IIs wrk—fo' IIs wsdm i' infnte, IIs strnh omnptnt, an' IIs bty shnes thrh al IIs creatn i symmtry an' ordr.

Th. covrn. o' th. ⛺ i' no ls. thn. th. clded. cnopy., or strry. dkd. hvn, whr. al gd Esns h'pe a' lst t'. arve b' th. ai. o' tht tholgicl lddr wh Jcob i hs vson sw, xtndng fm th. Eart. t'. Hvn—th. prncpl rnds o' wh a'e dnmintd, Fh, H'pe, an' Chrty, wh admnsh us t'. hv. Fh i G., H'pe i immrtlity, an' Chrty t'. al mnknd. Th. gratst o' ths. i' Chrty; fo' ou. Fh m'y b. lst i sght—H'pe ens i frutn; bt Chrty xtnds bynd th. grv., thrgh th. bndls rlms o' eternity.

TH. FRNTUR. O' A ⛺

Cnssts o' th. H. B., Sq., an' Cps. Th. B. i ddctd t'. th. srvc. o' G. ; bcaus. i't i th. instmabl gft o' G. t'. mn, an' on i't w-e oblgt ou' nwly-md Brn. Th. Sq. t'. th. R., becs i't i th. prpr Esnc. mblm. o' hs ofc; an' th. Cps. t'. th. cft., bcus. b' a d'e atntn. t'. thr. us' thy a'e tght t'. crcmscb. thr. d'srs. an' kp. thr. psns. wthn. d'e bnds.

TH. ORNMS O' A ⌂

A'e th. Msc. Pvmt., th. idtd. tsl., and th. Blzn. Str.

Th. Msc. Pvmt. i' a rprsnttn. o' th. gnd. flr. o' K. Ss. T.

Th. Idt. Tsl. o' tht. btfl. tsltd. brdr, or skrtg. wh. surnds. it.

Th. Msc. Pvmt. i' 'mblmatcl o' humn lfe, chqrd wth gd. an' evl. Th. Idt. Tsl., or tsltd brdr, o' th. manifld blsngs an' cmfrts wh. cnstntly srrnd us, an' wh w'e h'pe t' enj'y, b' a frm rlianc on Dvin Prvdnc, wh i' hierglphcly rprsntd b' th Blzn. Str. i th cntr.

A ⌂ IIS THR SYMBLC LTS., O'e i. th. E., o'e i. th. W., an' o'e i. th. S; but nne i. th. N., as K. S's. T'. ws. sitatd so fr N. o' th. eclptc. tht th. su. nvr.

pnetrd its r'ys on tht sd.; w'e, thrfr, Esn-
icly, trm th. N. a plc. o' dkns.

A 🏛 IIS SX. JLS.,

Thr mvbl. an thr. imvbl.; th. imvbl. jls.
a'e. th. Sq., Lv., an' Pl.; th. Sq. incl-
cts mrlty, th. Lv. eqlty, an' th. Pl.
rcttrle o' cndt.

Th. mvbl. jls. a'e th. Rh. Ahlr., th. Pr-
ft Ahlr., an' Tsl. Bd. Th. Rh. Ahlr. i's a stn.
tkcn. fm the qry. in its rde and ntral. stte,
th. pfct. ahlr. is a stn. md rdy. by the hns
o' the wkmn., to b. adjstd. b' th wkn. tls.
o' a F. C.; the Tsl. Bd. is fo'. th. m. wkmn
t' drw hs. d'sns upn. B' the rgh. ahlr. w'e
a'e rmndd o' or r'de an' imprfct stte b'
natr; b' th prfct ahlr. o' th't stt o' prfctn,
a' wh w'e h'pe t' arrv, by a vrtuous edcatn
an' th blssng o' Dei, an' as th optv. wkmn.
crcts hs tmprl bldg. i accrdnc wth th dcsns.
ld dwn upn the tsl. bd. by th m. wkm'n,
so shd w'e, bth optv. an' spectv., endvr
t' erct ou' sprtul bldg. i accrdnc wth th
dcsns ld do'n b' th Suprm Arctct o' th unvrs

i the grea bk o' natr an' rcvlatn, wh i' ou sprtnl, mral, an' Esnc tsl. bd.

S'TUATN. O' TH HADOTH.

Hadoths a'e s'tuat d'e. E. an. W. bcs. K. S's. T. ws so s'tuat.

Aft Mses hd sfly cndtd th chldrn o' Isrl thrgh th Rd S'a b' dvin cmmnd, h' erct a tbernel t' G, an' plcd i't d'e E. an' W., wh ws t' cmmmrte t' th lats pstrty tht mracls E. wn tht wrht thei mhty dlvernc. Ths ws an xact mdl o' K. S's T., snc wh tme ever' wl rgultd an' gvd 🕎 i., or ought to b., so sitatd.

Hadoths wr anctly ddcatd t' K. S., as h' ws ou' fs Mst xcllnt G. M., bt Esns prfsng Chrstanty ddcte thrs t' St. J. th Bpt., an' St. J. th Evngls., wh' wr tw' emnnt patrns o' Esnsm, an' snc thei tme thr i rprsntd i ever' rgulr an' wl-gvnd 🕎 a crtn pt. wthn a crc., th pt. rprsntng an indvdul br., th crc. th bndry ln o' hs cndct t' G an' mn, bynd wh h' i nvr t' sufr hs psns, prjdcs, or intrst t' btr'y hm on any ocasn; th crc., embdd b' tw' prpndclr prll lns rprsntng ths S'ts, wh' wr prfct prlls i Chistnity as wl as i Esnsm, an' upn th vrtx rsts th II Scrptrs, wh pnt ou' th whl dty o' mn. I goig arou th crc. w–e ncesrly tch upn th tw' lns as wl as upn th II Scrptrs; an' whl an Esn kps hmsl thus crcmscrbd i't i' impssble tht h' shd mterly er.

Th tnts o' ou' prfsn a'e thrfld, incldng th inclcatn an' prctc o' ths trly cmmndbl vrtus, bthly lv, relf, an' trth.

BTHLY LV.

B' th xrcse o' bthly lv, w'e a'e tght t' rgrd th whl hmn fmily—th hgh, th lw, th rch, th pr, wh', as cratd b' on' Almhty parnt, an' inhbitts o' th sme plnet, a'e t' ai', suprt, an' prtc ech othr.

O–n ths prncipl Esnsm units mn o' evr' cuntry, sct, an' opnon, an' cncliats tru frnshp amng thse wh' mt othrwse hv rmnd a' a prpctul dstnc.

RLIF.

T' rlve th dstsd i' a dty icmbnt on al, prtculrly on Esns, wh' a'e lnkd tgthr b' an indsolbl chai o' sncer afctn; t' sth th unhppy; t' smpathiz wth thei msfrtuns; t' cmpssonte thei msris, an' rstore pce t' thei trbld mnds i' th grea ai w'e hv i vw. On ths bass w' frm ou frnshps an' estblsh ou' cnctns.

TRTH

I' a dvin atrbut an' th fundatn o' evr' vrtu. T' b gd an' tru i' th frst lsn w'e a'e tght in Esnsm; on ths thme w'e cntmplte, an' b' i'ts dctats endevr t' rgulte ou' cndct. IInc, whl influncd b' th's prncpl, hypcrsy an' dct a'e unknn amng us; sncrty an' pln-dlng dstngish us; an' th' hrt an' th' tnge jn i prmotng eac' othr's wlfre an' rejoicg i' eac' othr's prsprty.

Wr. Br. 6d., hw. d'. u. knw. tht. u. a'e. an Esn.

6d. B' ctn. sns., a tk', a wd., an' th. prft. pts. o' m' cntc.

Wr. B' th. pfct. pts. o' yr. cntc. w'e al'd t' th. fr. crdnl. vrtus,—wh. a'e., Frttud, Prudnc, Tmpnc, an' Justc.

Frttud i' tht nobl an' stdy prpse o' th'

mnd, whrby w'e a'e enabd t' undrgo an'y pn, pril, or dng, whn prudtly dmd xpednt. Ths vrtu i' equally dstnt fm rshns an' cwrdc, an' shld b' dply imprsd upn th' mnd o' evr' Esn, as a sfegrd or scurty agnst evey ilegl atck tht m'y be md, b' frc or othrws, t' extrt. fm. hm. an'y o' ths. scs. wth. wh. h' hs. bn. so shnly. entrstd. an' wh vrtu ws 'mblmticly rprsntd upn hs frst admsin int th ⚒, on th pt. o' a' shp. instm. pcg. hs. nkd. lf. bs.—ths aluds t' th Pctrl.

Prdnc tchs us t' rgulte ou' lvs an' actns agrebly t' th dctats o' resn, an' i' th't habt b' wh w'e wisly jdg, an' prdntly dtrmne, on al thngs rlatve t' ou' prsnt as wl as futr hppins. Ths vrtu shd b' th pculr chrcterstic o' evey Esen, nt onl'y fo' th gvrnmnt o' hs cndct whl i th ⚒, bt als whn abrd i th wrld. I't shd b' prtculrly atndd t' i al strng an' mxd cmpns, nvr. t' le. fl. th. lst. sn., tkn, or wd whby th. scs of F Esnsm. mt. b. unlwfly obtd. Espcly., Br. i Esnsm., u. shd alws. rmbr yr oa. as an E. P., whl. knlg. a' th. scrd al on yr. nd lf kn., yr. lf. hn suptg. th h B. Sq. an' Cps., yr. rt. rstng thrn.—wh al'des t' th

Mnul. Tmprnc i' tht d'e rstrnt upn ou' afctns wh rndrs th bd tme an' gvrnbl, an' fre's th mnd fm th alrmnts o' vce. Ths vrtu shld b th cnstnt prctc o' evey Esn, as h i' thby tght t' avoi' xcs, or cntrctng an'y lcntus or vcis hbit, th indlgnc o' wh mght ld hm t' dscls vluble. scs. wh. h hs. prmsd t' cncl. an' nvr. rvl., an' wh. wld. cnseqntly sbjc hm. t' th. cntmt. an' d'tstatn o' al. gd. Esns,—wh al'ds t' th Gtral.

Jstc i' tht stndrd or bndry o' rht, wh enabs us t' rndr t' evey mn hs jst d'e wtht dstnctn. Ths vrtu i' nt onl' cnsstnt wth dvine an' humn lws, bt i' th vry cmnt o' cvl scity; an' as jstc i a grt msure cnstts th rely gd mn, so shld i't b th invribl prctc o' evey Esn nvr t' dvi'te fm th mnutst prncpls thrf., wh alds. t'. th. pdl.

E. P.s dd, i ancit tmes, an' so th'y shld i mdern, srv. thr. m.s. wth frdm., frvnc., an' zl., whch wr. reprsntd by chk., ch'cl., an' cl'y.; as thr i' nthng frer. thn ch'k., th. sltst. th. of wh. lvs. a trl.; nthng mr. frvnt thn ch'cl, fo' prprly. igntd. it wl. cse. th. mst obdrt mtls to yld.; nthng mr. zls. thn cl'y. or ert.

Ou' mthr ert, alne o' al th elmnts, hs nvr prvd unfrnly t' mn; th bdes o' wter dlug hm with rn, oprs hm wth hai, an' drwn hm wth inndatns. Th' ai rshs i strms, prprs th tmpst, an' lghts up th vlcno; bt th ert, evr knd an' indlgnt, i' fnd sbsrvnt t' hs wshs; thgh cnstntly hrasd mre t' frnsh th lxurs thn th ncsrs o' lfe, sh nvr rfuss her acstmd yld; sprdng hs pth wth flwrs, an' hs t'bl wth plnty. Thgh sh prducs p'sn, stll sh suplis th antdte, an' rtrns wth intrst evey gd cmmtd t' h'r cr; an' a' lst, whn h i' cld upn t' ps thrgh th drk vly o' th shdw o' dth, sh onc' m're rcvs hm, an' piusly cvrs hs rmns wthn hr bsm. Ths admnshs us tht fm i't w'e cme, an' t'o i't w'e mst shrtly rtrn.

CHRG T' TH CNDT.

Br: As u. a'e nw intrducd int th frs. prncpls o' Esnsm, I cngrtult u. on bng acptd int ths anct an' hnrabl Ord—anct, as hvng sbsstd fm tme immrl; an' hnrabl, as tndng i evey prtclr so t' rndr al mn wh' wl b cnfrmabl t' i'ts prcpts. No insttn ws evr rsed on a bttr prncpl or m're s'lid fndatn; nr evr m're xclnt rles an' usfl mxims ld dwn thn a'e inclctd i th svrl Esnc lctrs. Th grtst an' bst o' mn i al ags hv bn encragrs an' prmotrs o' th a't; an' hv nvr dmed i't d'rogtry t' thr dgnity t' lvl thmsls wth th Frtty, xtnd thr prvlgs, an' ptrniz thr asmbls. Thr a'e thr grt dts wh as an Esn u. a'e chrgd t' inclcte. T' G, yr nghbr, and yursl. T' G, i nvr mntnng IIs nme bt wth tht rverntl aw' wh i' d'e fm a cretr t' hs Cr'at'r; t' invk IIs ai i al o' yr lwfl undrtkings, an' t' estm Hm as th chf gd. T' yr nghbr, i actng upn th sqr., an' d'ng unt hm as u. wd wsh h' shd d' unt u. An' t' yrsl, i avoidg al irglrty an' intmpnc wh m'y impr yr fcults, or dbs th dgnity o' yr prfsn. A zlus atchmnt t' thse dtis wl insur pblic an' privt estm.

I th Stte, u a'e t' b a qiet an' pcfl ctizn; tru t' yr gvrnmnt an' jst t' yr cuntry. u. a'e nt t' countnnc dslylty or rbln, bt patntly sbmt t' legl authrty an' cnfrm wth chrflns t' th gvrnmt o' th cntry i wh u. lv. I. yr outwrd dmenr b prtculrly crfl t' avoi' cnsr an' rprch.

Althgh yr frqunt aprnc a' ou' mtngs i' ernstly. solctd., yt. i't. i'. nt. mnt. tht. Ensm. shd. intrfr. wth. yr. ncsry. vocatns; nthr. a'e. u. t'. sfr. yr. zl. fo'. th. insttn. t'. ld. u. int' argmt. wth. thse. wh'. thrgh. ignrnc. my. asl i't.

A'. yr. lsure. hrs., tht. u. m'y imprv. i. Esnc. knwldg., u. a'e. t'. cnvrs. wth. wl-infrmd. Brn., wh'. wl. alwy's, b. rdy. t'. gv., as u. wl. b. t'. rcv., instctn.

Finly, kp. sacd. an'. inviolt. th. mstrs. o' th. Ord., as thse. a'e. t'. dstngsh. u. fm. th. rst. o'. th. cmmunty., an'. mrk. yr. cnsqunc. amng Esns. If, i. th. crcl. o'. yr. acqntnc., u. fnd. a prsn. desrs. o'. bng. initd. int' Esnsm., b. prtculr. nt. t'. rcmmnd. hm. unls. u. a'e. cnvncd. h'. will cnfrm. t'. ou'. ruls; tht. th. hnor, glry., an'. rputatn. o'. th. insttn. m'y. b. frmly. estblshd., an'. th. wrld. a'. lrg. cnvncd. o'. i'ts gd. efcts.

Sch., m'. Br., i'. th. arrngmnt. o'. th. dfrnt. sctns. o. th. lctr., wh., wth. th. frms. adptd.

a'. th. opnng. an'. closg. o' a 📖, cmprhnd. th. whl. o'. th. frst. rnk. o'. Esnsm. Ths. pln. hs. th. advntg. o'. rgulrty t'. rcmnd. i't—th. suprt. o'. prcdnt. an. authrty, an'. th. snctn an' suprt wh flw frm antqty.

CLOSNG.

Wr. Br. 5d., th. ls. as wl. as fs. gt. ca. o' Esns whn. convd.

Jd. T' s'e. tht th'y. a'e. dl. td.

Wr. Atn t' tht. dty. an' infm th. T. tht. I am abt. t' clse ths 📖 i th. fst. rnk. an' rsm. lbr. in th. thd; drct. hm. t' tk. d'e ntc thrf. an' gvn. hmsl. ac'ly.—Br. Sd., atn a' th. al. an' cls. th. gt. lt.*

5d. Wr., th. T. i'. infmd.

Wr. Ts. wl. Ac'ly. I d.clr. ths 📖 clsd in th. fs. rnk. an' lbr rsmd. in th. thd., wavn. a'l frthr. cermns. Br. Jd., infm th T.; Br. Sd., atn. at th. alt. an' dspl. the gt. lts. i Esnsm.

* See Appendix.

Wr. Br. 8w., d' u. knw o' anyth. frthr. bfr. ths. ⚑ o' Esns prevs. to closg?

Sw. (risg. t' hs. ft.) Nthng, Wfl.

Wr. Anyth. i. th. S., Br. Jw.

7w. Nth., Wfl.

Wr. Bro. Sc., hv u. anythn on yr ds.

Sc. Nthn, Wfl.

Wr. Hs. any Br. arou th. ⚑ anythn. t' of'r fo' th. bnft. o' Esnsm, bfr. we prcd. t' cls.

Wr. Th redng o' th. mnts o' th. prsnt. cmnctn. (Sc. rds mnts, &c.)

Wr. Br. Sw., hv u. any altratns. or adns. t' mk t' th. mnts.

8w. I hv. nn.

Wr. Br. 7w., hv. u. any t' mk.

Jw. Nn, Wfl.

Wr. Hs. any Br. prsn. any—nn.

W. R. Th mnts wl. stn. aprvd if th're a'e no objns. (gvs on' rp. whn th. Jd. rs's t' hs. ft.) Br. Jd., th. ls as wl. as fs. gt. ca. of Essns whn. cnvd?

5d. T' s'e tht. th'y a'e dl. td.

Wr. u wl. atn. t' tht. dty. an' infm th T.

tht. I 'm abt. t' cls. ths. ⛺ an' d'rct. hm. t'
tk d'e ntc thrf. an' gvn hmsl. acly.

Jd. Wr. we a'e. dl. td.

Wr. Hw a'e. w−e. td.

5d. B' a M. Esn. wtht a'rd. wth. th prp.
implt. o' hs. ofc.

Wr. Hs. dt'. thr.

Jd. T' obs. th. aprh. o' cns. an' edps. an'
s'e tht. nn ps. or rps. xcp. sh. as a'e dl. qlfd
an' hv. pmsn. fm. th' Wr.

Wr. Br. Sw., th. Jd's. plc. i th. ⛺.

8w. A'. m' rt hn.

Wr. (Two rps; al o' th ofcs r's. t' thr
ft.) Yr. dt. thr, Br. Jd.

Jd. T' ca. msgs. fm. th. Sw. i th. W. t' th.
7w. i th S. or elswr. abt th. ⛺, as h' m'y
drct.; atn t' al'ms. a' th. outr. dr. an' rprt
th. sm. t'. th Wr.; als t' s'e tht. w'e a'e dl.
td.

Wr. Th. Sd's plc. i. th. ⛺.

Jd. A' th. rt. hn. of th. Wr. i th. E.

Wr. Yr. dt. thr, Bro Sd.

6d. T' ca. ords. frm. th. Wr. i th. E. t'
th. Sw. i. th. W. or elswr abt th. ⛺ as h'

my drct. ; atn t' alms. a' th. inr. dr. ; wlcm. an' clth vstg. Brn. ; als t' rcv an' cndt. cndts.

Wr. Th. Jw's. sta.
6d. I' th. S.
Wr. Wh. i th. S., Br. Jw.
7w. T' obs. th. su. a'. mrdn., wh. i'. th. gl'ry. an' bty. t' th. d'y., t' cl. th. cft. fm lbr. t' rfshmts. ; supntn. thm. d'rng th. hrs. thrf, an' crfly. t' obs. tht. th. mns. o' rfshmts a'e nt prvtd t' intmpnc. or xcs. ; t' s'e. tht. th'y rtn t' th're lbr agn i d'e sesn., tht. th' Wr. m'y rcv. hnr. an' th'y plsr. an' prft. thby.

Wr. Th. Sw's sta.
7w. I' th. W.
Wr. Wh. i th. W., Br. Sw.
8w. As th. su. i' i th. W. a' th. cls. o' th. d'y, so stns. th Sw. i th W. to as'st th. Wr. l opg. an' clsg th 🏛, p'y. th. cft. thr wgs. i'f any b. d'e., tht. nn. m'y. go aw'y dstsfd., hmny. bng. th. suprt. o' a'l. instns, espcly. ths. o' ou's.

Wr. Br. Sw., th. W. R.'s sta.
Sw. I th. E.
Wr. Wh. i th. E.

8w. As th. su. rs. i.th. E. t' op. an' gvn. th. d'y, so r's's th. W. R. i th E. t' op. an' gvn. th. ⚒, st th. cft. t' wk., gvg. thm prpr. instcn. f' thr. lbr.

Wr. Br. Sw., i't. i's m'y ords. tht. —⚒— b. nw. clsd. an' stn. clsd. untl. ou'. nx. rglr. cmctn. unls. espcly. cnvd., in. wh. cse. o'. emgrnc. d'e. an' tmly. ntc. wl. b. gvn. Ths. u. wl. cmct. t'. th. Jw. i. th. So., an'. h'. t'. th. brn. prsn. tht. th'y. hvg. d'e. ntc. thrf. m'y. grn. thmsls. acdly.

8w. Br. Jw., i't i'. th. ord. o'. th. Wr. i. th. E. tht. —⚒— b. nw. clsd. an' stn. clsd. untl. ou' nx. rglr. cmctn. unls. espcly. cnvd. in wh., cse. o' emrgnc. d'e an' tmly. ntc. wl. b. gvn. Ths. u. wl. cmct. t'. th. brn. prsn. tht. th'y hvg. d'e nct. thrf m'y gvn thms. ac'ly.

Jw. Brn., i't i' th. ords o' th. Wr. i th E. cmctd. t' m-e thrgh. th. Sw. i th. W. tht. —⚒— b. nw. clsd an' stnd clsd untl. ou' nex. rglr. cmcatn. unls. espcly. cnvd., in wh. cse. o' emrgnc. d'e an' tmly. ntc. wl. b.gvn. Ths. I cmct t'. u. tht. u. hvg. d'e ntc thrf m'y gvn. yrsls acly.

Wr. Brn., obs. th. E. an' atn. t' gvn. th.

sns. (th. dg. an' sns. o' ea. rnk a'e. nw gvn b' Wr. an' Brn., aft wh th Wr. gvs thr. rps. wth. hs. gvl. wh a'e rspnd t' b' th. S. an' Jw's. wth. thr. rps. ea.)

Wr. Br. 8w., hw. shd. Esns mt.

8w. O-n th. lv.

Wr. An' hw ac', Br. Jw.

7w. B' th. pl.

Wr. An' prt. o-n th. sq.

So le' us evr mt., ac', an' prt., whn th. Wr. tks. o' hs. ht. and repts th fllwng or sm. stbl. pra'r: M'y th blsing o' Hvn rst upn us an' al Esnes. M'y. bthly lv. prvl. an' evry mrl an socil vrte cmnt us. Amn. Rspns—So m't i't b.

Brn., I nw dclr ths ⚐ clsd. Br. Jd., infm th T.; Br. 6d., atn. t' th alt. an' cls. th. gt. lt. i Esnsm.

SUCCOTH.

When the Patriarch Jacob was on his way from Peniel to Shechem, he made booths for shelter during a halt in the Jordan valley, which gave the name to the place—Succoth (booths). In the distribution among the Tribes, Succoth fell to the Tribe of Gad, and was therefore on the East side of the Jordan.

The people refused to assist Gideon on his pursuit of the Midianite Sheiks Zebah and Zalmunna, and 77 of their chief rulers were killed by him on his return. (Judges viii.)

The vessels of the Temple were cast in the clay grounds between Succoth and Zeredathah ;* this place was not far from Jericho, in the valley of the Jordan (*Kikkar*). The deep clay banks are well adapted for moulding and casting large and fine work, and the clay is now carried away for such purposes to Jerusalem and other cities.

The view is in the valley of Jordan, looking South towards the Dead Sea, from a point a few miles North of Jericho, where Zarthan is now located, at the hill of Kurn Surtabeh.

---

* 2 Chron., iv. 17, Zeredathah.
1 Kings, vii. 46, Zarthan.

SECTION 1.

Wr. Br. 5d., th. fs gt ca. o' Esns. whn. cnv'd.

Jd. T' s'e. tht. th'. a'e dly. td.

Wr. Atn. t' tht dty, an' infm th. T. tht. I 'm abt. t' op. —🔺— i' th. thd. rank, drct. hm. t' tk. d'e. ntc. thrf., an' gvn. hmsl. acly.

5d. Wr., w-c a'e. dl. td.

Wr. Hw. a'e. w-e td.

Jd. B' a M. Esn wtht. ar'd. wth. th. prpr. impt. o' hs ofc.

Wr. Hs. dty. thr.

5d. T' obs. th. aprh. o' cns an' c'dps, t' s'e. tht. nn. ps. or rps., xcp. sch. as a'e. dl. qlfd., an' hv. pmsn. fm. th. Wr.

Wr. Ts. wl. Br. Sw., a'e. a'l. prsn. M. Esns.

8w. I wl. astn. fm. m' prpr. ofcr. an' rprt.

Sw. Br. Jd., u. wl. astn. if a'l. prsn. a'e. M. Esns.

5d. Br. Sw., a'l. prsn a'e. M. Esns.

Sw. Wr., a'l. prsn. a'e. M. Esns.

Wr As a fthr evdc. tht. a'l. prsn. a'e

M. Esns, u. wl. rcv. th. pss.wd. fm. th S. an' Jds. wh' wl obt i't. fm. th. Brn. on th. rt. an' lf. o' th. 🔨 an' cnct. i't t' th. E'.

Sw. Th. 'dns. wl. aprh. th. W. an' gv. m-e th. ps.wd.—u. wl. nw. rcv. th. sm. fm. th. Brn. on th. rt an' lf o' th. 🔨 an' cnct i't t' th. E.

Wr. Br. Sw., th ps.wd. i'. rt. an' dl. rcd i' th. E. A'e. u. a M. Esn.

Sw. I 'm.

Wr. Wt. indcd. u. t' bcm. a. M. Esn.

Sw. Tht. I mt. obt. th. m's wd. trvl. i' frn. cntrs., wk. an' rcv. ms. wgs., an' b. thby. th. btr. enbld. t' suprt mysl an' fmly. an' cntrbt. t' th. rlf. o' dstsd. wthy. M. Esns, thr. wdws. an' orphns.

Wr. Wt. mks. u. a. M. Esn.

Sw. M' obg.

Wr. Whr. wr u. md. a M. Esn.

Sw. Wthn. th. bd. o' a js. an' dl. cnstd 🔨 o' M. Esens, asmbd i a plc. rprstg. th. unfnsd. Snc Snctm o' K. S's. T'. frnsh. wth. th. H. B, sq. an' cps., tgthr wth. a chrtr. or dspnstn fm sm. G. Bd. o' cmpt jsdctn emprng i't t' wk.

Wr. Hw mny cmps. a M. Esns. ⛺.

8w. Thr. or mr.

Wr. Whn. cmpsd. o' fv., o' whm ds. i't cnst.

Sw. Th. Wr. S. an' J. Ws., S. an' Jds.

Wr. Th. Jd's. plc. i' th ⛺.

8w. A' m' rt. hn.

Wr. Yr. dt. thr, Br. 5d.

Jd. T' ca. msgs. fm. th. Sw. i' th. W. t' th. Jw. i' th. S. or elswhr. abt. th. ⛺, as h' m'y drct—atn. t' al'ms. a th. outr. dr an' rprt th sm t' th. Wr., als t' s'e tht. w-e a'e dl. td.

Wr. Br. Jd., th. 6d's plc. i th ⛺.

5d. A' th. rt. hn. o' th Wr. i th. E.

Wr. Yr dt. thr, Br. Sd.

6d. T' ca. ords. fm th. Wr. i th. E. t' th. Sw. i th. W. or elswhr. abt th. ⛺, as h' m'y drct., atn. t' al'ms. a' th. inr dr., wlcm. an' clth. vstg. Brn.,—als t' rcv. an' cndt. cndts.

Wr. Br. Sd., th 7w's sta.

Sd. I. th. S.

Wr. W'y i th S., Br. Jw.

7w. T' obs. th. su. a' mrdn. wh. i'. th. glry. an' bty. o' th. d'y, t' cl. th cft. fm. lbr. t' rfshmts., supntn thm drng th. hrs. thrf. an' crfly. t' obs. tht. th. mns. o' rfshmt. a'c. nt. pvtd. t' intmpc. an' xcs., t' s'e tht. th'y. rtn. t' thr. lbr. agn. i d'e sesn., tht. th. Wr. m'y rcv. hnor., an' th'y plsr an' prft thby.

Wr. Th. Sw's. sta.

Jw. I. th. W.

Wr. Wh. i th W., Br. Sw.

Sw. As th. su. i' i th. W. a' th. cls. o th. d'y, so stns. th. Sw. i th W. t' asst. th. W. R. i opn. an' clsg. th. p'y. th. cft. thr. wgs. if any b. d'e, tht. nn. go aw'y. dsstsfd, hmny b.ing th. supt 'f a'l Insttns., espcly. th's o' ou's.

Wr. Bro. Sw., th. Rabban's sta.

Sw. I th. E.

Wr. Wh. i th. E.

8w. As the su. rs. i th. E. t' op. an' gvn. th. d'y, so rs. th. Wr. i th. E. t' op. an' gvn. th. st. th. cft. t' wk., gvg. thm. prpr. instctns. fo'. thr. lbr.

Wr. Br. Sw., i't i' m' ord. tht. — — b.

nw. opd. i th. thd. rnk. an' stn. op. fo' th. trnsctn. o' sh. bsns. as m'y. rglly. an cnsttnly. b' brt. b.fr i't. Ths. u. wl. cmnct. t' th. Jw. i th. S., an' h' t' th. Brn. prsn. tht. th'y., hvg. d.c. ntc. thrf., m'y. gvn. thmsls. acly.

8w. Br. Jw.
Jw. Br. 8w.

Sw. It i'. th. ord. o' th. Wr. i th. E. tht. — 🏠 — b. nw. opd. i th. thd. rnk, an' stn. op. fo'. th. trnstn. o' sh. bsns. as m'y rgly. an' cnsttnly. b. brt. bf're i't; ths. u. wl. cmnct. t' th. Brn. prsn. tht. th.y, hvg. d'c. ntc. thrf., m'y. gvn. thmsls. acly.

Jw. Brn., i't i' th. ord. o' th. Wr. i th. E., cmctd. t' m-e thrh; th. Sw. i th W. tht. — 🏠 — b. nw. op. i th. thd. rnk, an' stn. op. f'. the trnctn. o' sh. bsns. as m'y rgly. an' cnstnly. b. brt. bfr. i't. Ths. I cmnct. t' u. tht. u., hvg d'c. ntc. thrf., m'y gvn. yrsls. a'cly.

Wr. Brn. obs. th. E. an' atn. t' gvg. th. sns. (sns o' thd. rnk a'e now gvn. b'y Wr an' Brn.)

Wr. I nw. d.clr. ths. 🛡 d.l. opd. fo' th. trnsctn o' sh bsns. as m'y rgly an' cnsttnly b. brt b.f're i't, a' th. sm. tm. frbdg. a'l idl. or othr. unessenic cndct. whby. th. pce. and hrmny. o' th. sm. m'y. b. dstbd. und. no ls. a pnlt. thn. th. b-lws. prscbe. or a mjrity. o' th. Brn. m'y. s'e cs. t' inflc.

Br. 5d., infm. th. T.

Br. Sd., atn. t'. th. al. an' dspl. th. thr. gt. lts. i Essenism.

Wr. Br. Sc., I wl. thk u. t' rea. th. mnts. o' ou lst. cmncatn.

Brn., u. wl. nw. pay atntn. t' rdn. th. mnts.

Sc. (rds.) At a rglr. mtg. o' — 🛡 — o' F. an' Acd. Essenes, hld. Dec. the 15th,—a' 5868 (here give the place of meeting),

Th. 🛡 ws opd. i d'e. frm. i th thd. rnk i Esnsm, th. mnts. o' th. lst. cmnctn. wr. rd. an' aprvd. Lbr. ws. thn suspndd i th thd rnk an' a 🛡 o' E. P's opd. i. d'e. frm.

Mr. James H., a cndt. fo'. initn. bng i watg. ws. dl. prpd., brt. fwrd., an' initd.

as an E. P. Esn i d'e an' anc. frm., h' p'ying th. fthr sm. o' fv. dls. Th ⚑ ws thn clsd. i th. fst. rnk an' lbr. resmd i. th. thd., whn., thr. b.ng. no fthr. bsns., th. ⚑ ws. clsd. i d'e. an' anc. frm.

Wr. Ths. a'e th. mnts. o' ou lst cmnctn. wh. wr rd an' aprvd., an' a'e. nw rd. fo' yr. infmatn. only.

Ds. any Br. knw o' any Br. o' ths. ⚑ or any othr i sknss or dstrs.

Wr. Hv. u. anythg t' rprt. i th. S., Br. Jw.

7w. Nthn i th. S., Wfl.

Wr. Anyhg i th. W.

8w. Nthg i th. W., Wfl.

Wr. Ds. any bd. knw. o' any o'e sk o'r i' dstrs. i or abt. th. bd. o' ths ⚑ ? i'f nt, I acly d.clr ths. bsns. clsd.

Wr. Br. Sc., hv. u. any prpsts.

Sc. Nn.

Wr. Any unfnsd. bsns.

Sc. Nn.

Wr. Any cmts. t' rprt. on prpsls. fo' nmbrshp.

Sc. Nn.

Wr. Br. 5d., asctn fm th. T. if thr. a'e any cndts. i watg—if so, thr. nmes. an' fo wt. rnk.

Jd. Wr., thr. i' one Br. E. P., J. H., i waig fo' th. scnd. rnk.

Wr. Brn., I am infmd tht. th're i' i wtg fo' th. scnd rnk Mr. J. H., wh' hs. bn. rglly initd an E. P., svd. a prpr. tm as sch. an nw. wshs. fo' mr. It i Esnsm b' bng psd. t th. rnk. o' F. C.; i'f thr a'e. n'o objns, I w'l prcd. t' cnfr. th sm upn hm. Thr bng no objns. I wl. s'o prcd.

Wr. Br. S. an J. M. C., hw. shd. an E. P. b. prpd. t' rcv. th. scnd rnk i Esnsm.

S. M. C. B' bng dvst. o' al. mtc. sbs. nthr. nkd. nr. clthd., bft. nr. shd., rt. kn an'. bs. br., hwkd, an' a c'to. twc. abt. hs rt rm., clthd as an E. P.

Wr. u. wl. rpr. t' th. prprtn roo., whr I undstn. Br. E. P. J. H. i'. i watg. fo'. th scnd rnk., an' whn thu' prpd. gv. th' usl. al'm. at th. inr. dr.

(M. C. rtrs. an' prprs. Cndt.)

Wr. Br. 5d., th. ls. as.wl. as fs. gt. ca. o' Esns whn. cnvd.

Jd. T' s'e tht. th'y a'e. dl td.

Wr. Atn. t' tht dt. an' infm. th. T. tht. I am abt. t' suspnd lbr. i th. thd rnk., fo' th. prps. o' opng. i th. scnd. fo' wk. an' instcn.; drctg. hm. to tk. d'e ntc. thrf. an' gvn. hmsl. acly.

5d. Wr., th. T i' infmd.

Wr. I nw dclr. lbr suspnd i th. thd. rnk., wavn. a'l. fthr crmny., fo' th. prps o' opg. i th. scnd. rnk fo' wk. an' instctn.

Br. 5d., infm. th. T.

Br. Sd., atn. t'. th. al. an'. cls. th. gt. lt. in Esnsm.

Wr. Br. 5d., th. fs gt. ca. o' Esns whn cnvd.

5d. T' s'e. tht. th'y a'e. dl. td.

Wr. Atn. t' tht. dt. an' infm th. T. tht. I am abt. t' op ths. 🜚 i th. F. C's rnk fo' wk. an' instcn.; drct. hm. t' tk d'e ntc. thrf. an' gvn. hmsl. ac'ly.

5d. We a'e dl. td.

Wr. Hw a'e. w-e td.

Jd. B. a M. Esn wtht. ar'd wth. th. prp. impl o' hs ofc.

Wr. Hs. dt. thr.

5d. T' obs. th. aprh o' cns. an' cdps.;

s'e tht. nn. ps. or. rps. xcp. sh. as a'e dl. qlfd. an' hv. pmsn. fm th. Wr.

Wr. Br. Sw., a'e u. a Fc.

Sw. I 'm, tr. m-e.

Wr. Hw. wl. u. b. trd.

Sw. B' th. Sq.

Wr. Wh. b' th. Sq.

Sw. B'cs. i't i' an 'mblm. o' mrlty. an' o'e o' th. wkg. tls. o' a Fc.

Wr. Wt i' a Sq.

Sw. An 'ngl. o' nty dgs. or th. frth. prt o' a ccl.

Wr. Whr. wr u. md. a Fc.

Sw. In th. bd. o' a. js an dl. cnstd. ⚐ o' Fc.'s., asmbd. i a plc rprsntg th. m chm. o' K. S's T., fnshd. wth. th. H. B., Sq. an' Cps., togthr wth a chrtr. or dspnstn. fm sm G. Bd. o' cmpt. jsdctn. emprng i't t' wk

Wr. Hw. mny cmps. a Fc's ⚐.

Sw. Fv. or mr.

Wr. Whn cmpsd o' fv. o' whm ds i't cnst

Sw. Th. Wr., S. an' J. Ws., S. an' J'ds.

Wr. Th. Jd's plc i th. ⚐.

Sw. A' m' rt. hn.

Wr. Br. Jd., th. Sd's plc. i. th. ⚐.

5d. A' th. rt. hn. o' th. Wr. i th. E.
Wr. Br. Sd., th. Jw's sta.
6d. I. th. S.
Wr. Br. Jw., th. Sw's sta.
7w. I. th. W.
Wr. Br. Sw., th. Rabban's sta.
Sw. I. th. E.
Wr. Wh. i. th. E., Br. Sw.
8w. As th. su. rs. i. th. E. t' op an' gvn. th. d'y., so rs. th. Wr. i th. E. t' op. an' gvn. th. ⚒, st. th. cft. t' wk., gvg. thm. prpr. instns. fo'. thr. lbr.

Wr. Br. Sw., i't i'. m'. ord. tht. — ⚒ — b. nw opd. i' th. scnd rnk fo' wk an' instcn.; ths u. wl. cmnct t' th. Jw. i' th. S., an' h' t' th. Brn. prsn. tht. th'y, hvg. d'e ntc. thrf., m'y. gvn. thmsls acdly.

Sw. Br. Jw., i't i'. th. ord o' th. Wr. i' th. E. tht. — ⚒ — b. nw op' i' th. scn rnk fo' wk. an' instn., ths u wl cmnct t' th. Brn. prsn., tht. th'y hvg d'e ntc. thrf., my. gvn. thmsls. acly.

Jw. Brn., i't i' th. ord o' th. Wr. i th. E., cmnctd t' m-e thrgh th Sw. i. th. W., tht. — ⚒ — b. nw. op i' th. scnd. rnk. fo' wk. an' instcn., I cmnct. th. sm. t' u., tht. u hvg. d'e. ntc. thrf m'y gvn. yrsls. ac'ly.

Wr. Br., obs. th. E. an' atn t' gvg th. sns. (Wr. an' Brn. gv. dg an' sns., whn. th. Wr. s'ys. :)

Wr. I nw. dclr. ths ⚒ op i' th. scnd. rnk. Br. Jd., infm. th. T.; Br. Sd., atn. t' th. al an' dspl. th. thr gt. lts. i' Esnsm.

6d. Wr., thr. i'. an al'm. a' th. inr dr.

Wr. Atn t' th. al'm. an' astn. th. cs. thrf.

(Th. Sd. gvs. thr. rps. wh. a'e. rspnd. t' b' th. M. C.—an' ans. b' on' rp. b' th. Sd., wh. ops. th. dr. an'. s'ys, Wh. cms. hr.)

M‑c. Br. H., wh' hs. bn. rgly. initd. an E.P., svd. a prp. tm. as sh. an' nw. wshs. mr. lt. i' Esnsm b' b.ng. pssd. t' th. rnk. o' Fc.

Sd. (to Cndt.) I'. ths. an ac'. o' yr. ow'. fr. wl. an' acd.

Cndt. I't i'.

Sd. Br. S. M. C., i' h'. wthy. an' wl. qlfd.

M–c. II. i'.
6d. Dl. an' trl. prpd.
M–c. II. i'.
Sd. Hs. h. md. sutbl. prfccy. i. th. prcdg rnk t' entl hm t' ths.
M–c. H'. hs.
6d. B'. wt. fthr. rt. o'r bnft ds. h. xpc. t' obt. ths. impt prvlg.
M–c. B'. th. bnft. o' th. ps.wd.
Sd. Hs. h'. th. ps.wd.
M–c. H'. hs. nt., I hv i't fo' hm.
6d. Advnc. an'. gv. i't.
(M–c. advcs. an'. gvs. th. ps.wd.)
6d. Th. pss. wd. i' rt. Snc. th. br. i'. i psn o'. al' ths. ncsry. qlfctns. u. wl. wai' untl. th. Wr. i' infmd o' yr. rqst. an' hs. ans. rtnd.
(Th. Sd. thn cls's. th. dr. an'. rprs. t' th. cntr o' th. ⚑, bf'r. th. Wr. i th. E., an' snds hs. rd. twc. on th. flr., wh. i' rspnd'. t' b' th. Wr. wth. hs. gvl., whn. th. sm qustns an' ans a'e rpted as a' th. dr. ; th. Wr. thn. s'ys :)
Wr.—Le' hm ent. ths. wfl. ⚑. o'. Fc. an' b. rcd. i d'c an' anc frm.

(Th. 6d. thn. tks. th. Sq. fm. th. al., rprs. t' th. dr., ops. i't an' s'ys :)

Sd. Le' hm ent ths. wfl. 🔺 o' Fc. an' b. rcd. i d'e. an'. anc frm. (th. cndt advcs thrgh. th. dr. cndtd. b' th. M–c., whn. th. Sd. stps. thm. i frnt. o' th. Sw. fcg. th. E.)

Sd. Br. H., whn u fs. entd. a 🔺 o' F. an'. Acd. Esns u. wr. rcd. on th. pt. o' a shp. instmt. pcng. y–r. nkd. lf. bs., th. mral. o'. wh., I hv. no dt., ws. a. tht. tm xplnd t'. u. I am nw cmnd. t'. rcv. u. on th. 'ngl. o' a. sq. apld. t' y–r. nkd. rt. brs., th. mral. o' wh. i' t' tch. u. tht. th. sq. o' vrtu. shld. b. a rle. an' gd. fo' y–r. prctc. thrgh. lfe. (A hymn is now sung by the Brn.; th. Sd' tks. th. cndt. b' th. rt. 'rm., flwd b' th. M–c., an' cndts. hm. twc arou. th 🔺, strtng. fm. th. Jw's sta. i th. S., durng which time the Wr. rds th fllwng pssage o' Scrptre :)

"Thus h' shwed me, and bhld th Lrd std upn a wl mde by a pl. ln., wth. a pl. ln i hs. hn., an' the Lord sd unto me, 'Amos, wht sest thou' an' I sd a pl. ln. Thn sd th Lrd, 'Bhld I wl st a pl. ln. in the mdst of my pple Isl. 1 wl nt agn pss thm b' any mre.' "

Whlc. going arou. th. ⚐ as th. Condt. and Cnd't. ps. th. ofcs. statns. i th S., W., an' E., th. ofc's rp. wth. th. gvl. as f'lws: th. fs. tm. going arou. o'e rp. ea; th. send tm arou tw' rps ea; b' th tm th Wr. hs finshd rdg th abv pssg o' Scrptr, th Cond. an' Cndt hv. psd. arou. th. roo twc. an' arvd a' th Jw's. sta. i th S., whrupn th Sd. gvs. thr rps. wth. hs. rd. wh. a'e. rspnd t' b' th Jw. wth. on' rp wth. hs. gvl, wh' s'ys., Wh' cms. hr.

Sd. Br. H., wh' hs. bn. rglly. initd an E. P., svd. a prpr. tm. as sh., an' nw wshs. mr lt. in Essenism b' bng. pssd. t' th. rnk. o' Fc.

7w. (t' Cndt.) Br. H., i' ths an ac' o' yr. ow' fr wl. an' acd.

Cndt. It i'.

Jw. Br. Sd., i' h'. wthy an' wl. qlfd.

Sd. H'. i'.

7w. Dl an' trl prpd.

6d. H'. i'.

7w. Hs. h'. md sutbl. prfcnc. i th. prcdg rnk. t' enttl. hm. t' ths.

Sd. H'. hs.

Jw. B'. wht. fthr. rt. or bnft. ds. h'. xpc t' gn. ths imptnt. prvlg. ?

6d. B'. th. bnft. o' th. ps.wd.

7w. Hs. h'. th. ps.wd.

Sd. H'. hs. nt.; I hv. i' fo' hm.

Jw. Advc. an' gv i't.

(Sd. advcs. an' gvs th. ps.wd o' ths. rnk. a' lw. brth.)

7w. Th. ps.wd i' rt. Snc. th. cndt. i' i pssn. o' all ths. ncsry. qlfctns. cndt. hm. t' th. Sw. i th. W. fo' hs. xmnatn.

8w. Wh' cms. hr.

Sd. Br. H., wh' h's bn. rglly initd an E. P., svd a prpr. tm. as sh., an' nw wshs mr lt. i' Esnsm b' b'ng. psd. t' th. rnk. o' Fc.

Sw. (t' Cndt) Br. H., i' ths an ac' o' yr. ow' fr. wl. an' acd.

Cndt. It i'. (The same questions arc asked and answers given as at the Jw's. sta., whn th Cond. an' Cndt. a'e drctd b' th Sw t' ps. t' th W. R's sta. i th E.)

Wr. Wh. cms. hr.

6d. Br. H., wh' hs. bn. rglly initd an E. P., svd a prpr tm. as sh., an' nw. wshs. mr. lt. i Esnsm b' bng. psd. t' th. rnk. o' Fc.

Wr. Br. H., i' ths an ac' o' yr. ow' fr. wl. an' acd.

Cnd't. I't i'.

Wr. Br. Sd., i' h' wthy an' wl qulfd.

6d. II'. i.

Wr. Dl. an' trl. prpd.

6d. II'. i'.

Wr. Hs. h'. md. stbl. prfncy. i th prcdg. rnk. t' enttl hm. t' ths.

Sd. H'. hs.

Wr. B'. wt. fthr. rt. or bnft. ds. h' xpc. t' obt. ths. imptnt. prvlg.

6d. B'. th bnft. o' th. ps.wd.

Wr. Hs. h' th. ps.wd.

6d. II'. hs. nt.; I hv. i't fo' hm.

Wr. Advc. an' gv. i't.

6d. advcs. an' cmncts. th. ps.wd. o' ths. r'nk.

Wr. Th. ps.wd. i' rt. Whnc. cm. u. an' whthr. a'e. u. trvlg.

Sd. Fm. th. W. trvlg. E.

Wr. Wh. d'd. u. lv. th. W. an' trvl. E.

6d. I srh. o' m're lt. i Esnsm.

Wr. Snc. th. cndt i' i posn. o' al ths necsry. qlfctns., an' i srh. o' mr lt. i. Esnsm, u. wl. rcndt. hm. t' th Sw. in th. W., wh' wl. th. hm. hw. t' aprh. th. E. i. d'c. an' anc. frm.

Sd. (Cndts. Cndt. t' th. Sw. i th. W. an' s'ys,) Br. Sw., it i' th. ord. o' th Wr. tht. u. th. ths. Cndt hw. t' aprh. th. E. i' d'c. an' anc. frm.

8w. Cs. th. Cndt. t' fc. th. E. (To Cndt.) Advc. on yr. lf. f–t. as E. P.—nw. tk. an adtnl. stp. wth. yr. rt. f–t., brngng. th. hl. o' yr. lf. t' th. hlw. o' yr. rt., thby. frmg. th. rt. ngl. o' an ob. sq.; bd. erc. fcg. th. E.

8w. Wr., th. Cndt. i' i. ord.

Wr. Br. II., bf'r. u cn. mk. any fthr. advc. i Esnsm, u. wl. hv. t' tk. upn. ysl. anthr. slm., an' bndg. obg. aptng. t' ths. rnk., an' I a' R. o' ths. ⚐ as're. u. tht. thr. is nthg. thrn. cntd. wh. wl. cnflct. wth. yr. mrl. socl., or cvl. dties., b. th'y. wt. th'y. m'y. Wth. ths. asunc. on m–y prt. a'e. u. wlg. t' tk. th. ob.

E. P. II. I 'm.

Wr. Thn. advc. t' th. scd. al. o' Esnsm an' knl. upn. yr. nkd. rt. kn., yr. lf. frmg. th 'ngl. o' a sq., yr. rt. hn. rstg. upn. th. II. B., Sq., an Cps., yr.' lft rm. fmg. th. 'ngle. o' a sq., wth. yr. hn. in vrtcl. pstn. (aft. b'n. thu' plcd. th. Sd. s'ys. t' th. Wr., Th. Br. i' i d'e. f'rm.)

Wr. Br., if u. a'e. stl. wlg. t' tk. upn. ysl. th. obg. prnc. yr. nm. i f'l. an' rpea. aft. m—e: I, J. H., o' m' o'n. fr. wl. an' acd., i th. prsc. o' Alm. G. an' ths. wfl. ⚒ o'. F—c. erct. t' Hm. an' ddctd. t' th. mry. o' th. Hl. Sts. J., d' hby. an' h'on. slml. an' sncl. prms. an' sw. tht. I wl. kp. an' ccl. an' nv. rvl. an'y o' th scts. blng. t' th. rnk o' Fc. tht. I hv. rcd., 'm abt. t' rcv. o'r. m'y. hrftr. b. instcd. in, t' an'y psn. unls. i't shl. b. t' a wthy. Br. Fc. o'r wthn. th. bd. o' a js. an' dl. cnstd. ⚒ o' sh; an' nt unt. hm. o'r thm. untl. b'. d'e. trl., strc. xmnat. o' lwfl. infmat. I shl. fnd. hm o'r thm. jstl. entld. t' rcv. sme. Fthrmr. I d' prms. an' sw. tht. I wl. ans. an' ob'y. a'l. d'e. sns. an' rgl. smns. snt. m—e. fm. th.

bd. o'. a jst an'. dl cnstd 🜍 o' Fc. or hnd. m--e b'. a wthy Br. o' tht. rnk if wthn. th. lnth. o' m' c'to. an' th. sq. an' 'ngl. o' m'y wk.

Fthrmr. I d' prms. an'. sw. tht. I wl hp., ai'., and a's'st. a'l. pr. dstrsd. br. Fcs., th'y aplyg t'. m–e. as sh., I fndg thm wthy an'. cn. d'. so wtht injry t'. msl. an' fml. Frthr. I. do. prms. an'. swr tht. I wl. nt. wrng., cht., nr. dfrd. a Fc. 🜍 or a Br. o' ths. rnk. msl., or sufr. i't t' b. dn. b'. anthr. if i m' pwr. t' prvnt.

To al. o' whh. I slmly. an'. sncly prms. an sw. wtht. an'y hstn., mtl. rsvt., o'r sc. evsn. o' mnd. i m–e wtvr., bndg. msl. und. no. ls. a pnlt. thn. o' hvg. m–y. lf. bs. tn op., m–y ha. an. lns. taen. fm. thnc. t'. th. vly. o' Jhspht. an' thr. lf. a pr'y. t' th. vlts. o' th ai', shd. I evr knwly. or wlfly v'late. ths. m–y slm. obg. o' Fc. S–o'. hp. m–e. G. an'. mke. m–e stfs t' kp an.' prfm. th. sm.

Wr. Br. H, i tstmy. o' yr. sncty. ks. th. II. B. on wh. yr. hn. rs.

(Cndt. ks's th. B.)

Wr. Br. Sd., rmv. th. c'to., a–s w'e nw hld. th. Br. b' a dbl. t'e.

Wr. (t' Cndt.) I. yr. prsn. sitatn. wt. d' u ins. dsr.

Cndt. (prmpd. b' Cndtr.) Mr. lt. i. Esnsm.

Wr. Lt. th. Cndt. b. brt. t'. lt. (a' ths. pnt. th. Cndtr. unts. th. hwk. an' lts. i't fl. fm. th. Cadts e–s.)

Wr. M'y Br., on b.ng. brt. t' lt. i' ths. rnk. u, bhld th. thr. gt. lts. i. Esnsm. as i the prcdg. rnk., bt. wth. ths dfnc., on' pt. o' th. cps. i' elvt abv.. th. sq., wh. i'. t' th. u. tht. u. hv. rcd. an' a'e enttld t. rcv. inr lt. i Esnsm, bt. as on' pt. i'. stl. hdn. fm yr. vw. i't i'. als. t' th. u. tht. u a'e. on matrl. pt. i' th. drk. rspctg. th. scts. o' Esnsm.

Sd. (to Cndt.) Behld. th. Wr. aprhng u. fm. th. E., upn. th. stp. un. th. dg. an' sn. o' Ep., upn. th. stp. un th. dgd. and sn. o' a Fc.

Wr. M' Br., th Fc. advcs. upn. th. r. f–t, brng. th. hl. o' th. lf. t' th. hlw. o' th. rt., thby. fmg. th. rt. 'ngl. o' an. obln. sq., an' ths. i' th. dg. (mks i't) an' al'dcs. t' th. pstn. in wch. yr. hns. wre. plcd. whl tkg. upn.

ysl. th. sm. obg.; an' ths. (mkng i't) th. sn. an' al'ds t' th. pnlt. o'. tht obg. Ths. dg. an' sn. a'e. alws. t' b' gvn t' th. Wr. on entg. or rtrg. fm a [symbol] o' Fc. Bf'r rsng fm. th. al'. I wsh. t' cl. yr. atn. t' on' of th. t–s. i yr obg. whr u. swr. u. wd ans a'l. d'e. sns. an' rglr. smns. i'f wthn. th. lnth. o' yr. c'to., an' th. sq. an' ngl. o' yr. wk. Th. lnth o' yr c'to. rfrs. t' yr. ablty. t' d' i't, an' th. sq. and 'ngl. t' th. prprity. o' gvg. sh. sn. I nw. prsn u. m' rt. hn. i tkn. o' a cntnnc of · frnsh. an' brthl. lv. an' wl. prcd. t' invst u. wth. th. ps. gp., ps. wd., re'l. gp. an' wd. o' Fc., b't as u. a'e uninstctd. h' wh hs h'thrto ans. fo'. u. wl. d' so a' ths. tm'. (tkes Cndt b' gp. o' E. P.)

Wr. Wl. u. b. o'. or. fm.
6d. Fm.
Wr. Fm. wt. an. t' wt.
6d. Fm. th. gp o E. P. t' ps. gp. o' Fc.
Wr. Ps., wt. i'. tht.
6d. Th. ps. gp. o' Fc.
Wr. Hs. i't a nm.
Sd. I't hs.
Wr. Wl. u. gv i't t' me.

6d. I dd. nt so rcv. i't, nthr wl. I s' impt. i't.

Wr. Hw. wl. u. dsps. o' i't.

6d. Lt. i't or sb. i't wth. u.

Wr. Sb. i't an'. bgn.

6d. N'o u. b.gn.

Wr. Bgn. u. (See 🜨 fo' wd. an' mnr o' gvg i't.)

Wr. Ari., salu. th. J. an' Sw's, an' stsfy. thm. tht. u. a'e. i pssn o' th. stp. dg., sn ps. gp., ps. wd., re'l. gp an' wd. o' a Fc.

(Wr. nw. gvs. on' rp. wth. th. gvl. wh. s-ts th. 🜨, whn. th. Sd. cndts th Cndt. t' th. Jw's. sta. i th. S., an' gvs. an al'm. wth hs. stf.)

7w. Wh'. cms hre.

Sd. A wthy br. Fc.

Jw. Hw. m'y I knw. hm t' b. sh.

6d. B'. crn. sns. an' tkns.

7w. Wt a'e sns.

Sd. Rt. ngls., hzls., an' ppndls.

Jw. Advc. a sn.

(Sd. advcs. an' gvs. dg. o' Fc.)

7w. Hs. tht. an al'sn.

6d. I't hs.: t' th. pstn. i. wh m'. hns.

wr. plcd. whl tkg. upn. msl. th. obg. o'. Fc.

7w. H'v u. a fthr sn.

Sd. I hv. (gvs sn. o' Fc.)

Jw. Hs. tht. an alsn.

6d. I't hs. : t' th. pnlt. o'. tht. obg.

Jw. Wt a'e tkns.

6d. Ctn. frnly or brthl. gps. whb. on' Esn. m'y knw. anthr. i. th. dk. as i. th. lt.

Jw. Advc. an' gv. m—e a tkn.

(Sd. gvs. ps. gp. o' Fc.)

Jw. Hs. i't a nm.

6d. I't hs. (Th. wds and gp. a'e nw. gvn.)

Jw. Th. wd i' rt.; I am satsfd. Cndt th Candt t'. th S'w. i. th. W.

6d. cndts. Cndt. t' Sw. i. th W., whr. th. sm. qus. a'e agn 'skd an' th. sm. ans. gvn as i. th. S. Th. Sw. thn. drcs. thm. t' ps on t' th. Wr. i. th. E. fo' hs. xmntn. As th'y aprh th. R's statn, an' whn nrly thr, th. R. sa's, Br. Sd., u. wl. rcndt. th. Cndt. t' th. Sw. i. th. S., wth m' ord. tht. h' th. hm. hw. t' wea. hs. ap. as a Fc.

Th. Sd. nw. cndts. th. Cndt. t' th. Sw's. sta., wh. lvs. hs. sea. an' aprhng. th.

Cndt. tns. th. flp. o' hs. ap. d'n.—a' th. sm. tm. s'yng. : Br., a' th. bldg. o' K. S's T. th. Fc's. wo— thr. ap's. wth. th. flp tn. dn. an' th. cr. tkd up., an' thu'. u. wl way'rs. untl. fthr. advcd. (tcs. th. lf. cor. o' i't. und. th. strg.) Th. Sd. nw. rcntds. th. Cndt. t' th. Wr. i. th. E.

Wr. Beng clthd. as a Fc. I nw. prsn. u. wth. th. wkg. tls. o' a Fc. wch. a'e, th. Pl., Sq. an' Lv.—Th. Pl. i' an instm. md. us o' b'. optv. Esns t' tr'. pndls., th. Sq. t' sq. thr. wk., an' th. Lv t' prv. hzls. ; b't. w'e as F. an' Acd. Esus a'e tght. t' mk. us' o' thm. fo' mr. nbl. an' glrs prps. Th. Pl. admnshs. us t' wlk. uprhtly. i' ou'. sevrl. statns. bfo'. G. an' mn., sqrg. ou'. actns. b' th. Sq. o' vrtu. an' evr. rembrng. that we. a'e. trvlg. upn. th. Lv. o' tm. t' tht. undscvd. cntry. fm. whs. bour' no trvlr. evr. rtns. I als. prsn. u. wth. th. thr. prcs. jls. o' a Fc. wh. a'e th. atntv. ea., th. instctv. tng, an' th. fthfl brs., whh. tch. us ths. imptnt. lsn., th. atntv. ea. rcvs. th. snd. fm. th. instcv. tng., an' th. msts. o' Esnsm a'e. sfly. ldgd. i' th. rpsitrs. o' fthfl. bs'.

Bro Sd., u. wl. nw. rcndt. th. Br. t'. th. plc. fm. whnc. h'. cm., invs. hm. wth. tht. o' whh. h'. hs. bn. dvs., an' i d'e. tm. retn. hm. t' a plc. rprsntg. th. mdl. chm. o' K. S's. T. (th. Sd. thn. cndts. Cndt. t' th. al. an' gvs. th. dg. an' sn. o' a Fc., wh. th. Wr. rspnds. t'; th'y. thn. retr. t' th. prpr. roo. an' whn. th. cndt. i' drs. th'y. retn. t' th. ⚔, whn. th. f'llwng. i'. rcptd. or rd. b'. th. Sd. :)

Sect. II.

The secnd sectn o' ths rank has refrnc t' th origu o' th Instion, an' viws Esnsm und. two dnmnatns, Opt. and Spctv.

Ths a'e seprtly consdrd, an' th. prncpls on whh both a'e fndd prtclarly xplned. The' afnity i' pointd ou' b' alegricl fgrs an' tpical rpresntatons. Th per'd stplatd fo' rewrdng mrt i' fx'd, an' th inimtbl moral t' whh tht crcmstnc al'ds i' xpland; th creatn o' th wrld i' dscrbd, an' man'y othr prtclrs re-citd, al o' whh hv bn crfly prsrvd amng Essencs, an' trnsmt'd fom on' age t' anthr by orl tradtn.

Crcmstncs o' grea imprtnc t' th Frtty. a'e hr prtclrzd, an' mny tradtonl tnets an' cstms cnfrmd b' sacrd an' prfan recrd. Th clstal an' trstral glbs a'e cnsdrd wth a mnute acurcy; an' hr th accmplshd Cftsm m'y dspl'y hs talnts t' advntg i th elucdatn o' th *Ords. of Arctctr.*, the *Snss.* o' humn natr, an' the librl *Ats* an' *Scincs*, whch a'e sevrly clsd i a rgulr arngmt. I shrt, ths sectn cntns a stor o' vluabl knwldg, fndd on resn an' sacrd rcrd, both entrtning an' instrctv.

Optv. Essenism.

B' Optv. Essenism w'e all'd t' th prpr applcatn o' th usfl rls. o' actctr, whnc a strctr. wl derve. figr, strnh, an' bty, an' whnc wl rsult a d'e prprtn an' a jst crspndnc i a i'ts prts. I't frnshs us wth dwlgs, an' cnvnient shlts fm th visitds an' inclmncs o' th sesns; an' whle i' dsplays th efcts o' humn wsdm as wl i th choic as i th arngmt o' th sndry matrls o' whh an edfc is cmpsd, it demnstrts tht a fnd of scinc an' indstry i' implntd i mn for th bst an' mst salutry an' benficnt prpses.

B' Spctv. Essenism

W—e lrn t' sbd th psns, ac' upn. th. Sq., kp a tng. o' gd rept., mantn s'cy. and prctc chrity. I't i' so fr intrwovn wth relign as t' lay us und oblgatns to pay that ratnl hmage t' th Dei whh a' onc cnsttuts our dt an' ou' hapins; it lds th cntmplatv to vw wth rvrnce an' admratn th glors wrks o' creatn, an' insprs hm wth th mst xaltd idas o' th prfectns o' hs dvin Creatr.

Ou' anct Bn wkd a' bth Optv. an' Spctv Essenism; th'y wkd a' th bldg. o' K. S'. T., bsids othr Essenic edfs; they wrght sx d'ys, bt dd nt wrk on th svnth, fo' i sx d'ys G cr'atd th hvns an' th eart, an' rstd on th svnth d'y; thrfor ou' anct brn consecrtd ths d'y as a d'y o' rst fm thei lbrs, thby enjoyng freqnt oprtnits o' cntmplatg th glors wrks o' creatn, an' to adre thei Grea Creatr.

A' the bldg. o' K. S's. T. thr wr egty thsn. Fc's. empld, a'l o' whm. wr und. th. immedt drctn o' ou' anc optv G. M. H. Ab. On th evng o' th sxth d'y thei' wk. ws. inspc., an' al wh prvd themsls wrthy by strc atntn t' thei dties wr invs. wth. ctn. mstc. sns., gps. an' wds., t' enab. thm. t' gn. adms. int. th. M. Chm. o' K. S's. T. on th sm. d'y., an' hr. K. S., acmpnd. b' hs cnfdntl. ofcs., cnstng. o' hs Sc., S. an' Jw's., reprd. t' th. M. Chm. t' mt. thm. Th. Sc. h' plcd. nr. h's. psn., th. Sw. a' th. inr dr., and th. Jw. a' th. outr dr., wth strc. injncns. t' sufr. nn. t' ent. xcp sch. as wr invs. wth. ctn. mstc sns., gps., an' wds. prevsl estblshd., so tht. whn. any dd. ent. h' knw th'y wre fthfl. wkm. an' hd nthg t' d' bt. enrll. thei' nms as suh, an' p'y. thr wgs. wh. thy. rcd i cn., wn., an' oi., mblmatcl. o' nrshmt., rfshmt., and j'y, an' aft admnshng thm o' th rvcrnc d'e th grea an' sacrd nm o' Dei, sufrd thm t' dprt i pce untl th tme shd arri fo' cmncg. anthr. wks. wk. Ths. u. wl. prcv ws al acmplshd on th evng o' th sxth d'y, i ordr tht no unnesary labr shd b perfrmd on th scvnth, thrby gving thm freqnt oprtnits to obs th gloris wrks o' natr an' t' ador th Grea Creatr.

M' Br., w'c a'e nw. abt. endvrg. t' wk. ou' w'y. int. a plc. rprsntg. th. M. Chm.

o' K. S's. T., an' shd. w–e suc'd. I hv no dbt w–e shl b alke red an' rwrded as wr they. I ord t' d' ths i't wl b necsry fo' us t' mk an advc. thrh. a prh., up a flt. o' wndg. strs., constg o.' thr., fv., an' svn. stps. thrh. an outr an' inr dr. I. mkg. ths. advc. w–e ncsrly. ps. b.twn. two clms. or plrs. rpsntng. thse famus clms. or plrs. se'. up at th. entc. t' th. prh. o' K. S's. T., th. on' on th. rt. hn. an' th. othr on th lf. Th. n'me. o' th. on' on th. lf. hn. i' Bz., denotg strnh.; th. n'me o' th. on' on th. rt. hn. i' J'cn., denotg. estblshmt., colectvly al'dng to sevrl prms. o' G. t' Dav'd, on' o' wh. rds.: Th' house an' th' kngdm shl b estblshd frevr befor' the. Th'y wr thrty-fv cubts hgh, surmnted wth chpitrs of fv cubts, makg thm i al fort' cubts. Th'y wr mde o' mltn or cs. brss., the better to withstand indatn or cnflgratn, so tht th'y cld nt b destrd b' fld or consmd b' fr; th'y wr hllw fo' th prps of cntang th rlls an' rcrds cnstttng th achvs o' ou' anct brn. Th'y wr cas i th cl'y grns on the bnks o' th' rvr Jrdn, btwn Sccth an' Zradtha, whr K. S. ord thm an' a'l othr scd vs o' th. T. t' b cas. Th chptrs wr adrnd wth wrths o' lly wrk, nt-wrk, and chns o' pmgrnts; th lly, fom its extrme whitns and the rtird stuatn i whh i' grws, denting pc; th nt-wrk, fom th intimt conctn o' al it' prts, unit; an' th pmgrnt, fom the exubrnc o' its sd, plnt. Th chapits a'e surmnted b' two artfcial sphrcal bds or glbs, on th cnvx srfc of whh a'e dlnatd the cuntrs, ses, an' varius prts o' th ert, th fc o' th hvns, th' plnetry rvlutns, an' othr imprtnt prtclrs. Th principal us o' th glbs, bsds srvg as mps t' dstngsh th outwrd prts o' th ert an' th stuatn o' th fxd strs, i' t' ilstrt an' expln th phnomena arising fom th anual. revolution an'. th. d'urnl rtatn o' th ert arou i'ts o'n axs; th'y a'e th nobls instmts for imprvg th mnd an' gvng i't th mst dstnct idea o' any prblm or prpsitn as wel as cnablg i't t' slve the same. Cntmplatng thes bds w'c a'e insprd wth a d'e revrnc fo' th Dei an' hs wrks, an' a'e indced t' encrg th stds o' astnmy, geogrph, an' nvgatn, an' th ats dependent on thm, by wh sciety hs ben so mch bnfitd.

u. wl. nw. advc. thr. stps. Thse thr.

stps. al'dc t' th. thr. prncpl ofcs. o' th. ⚑, nmly, th. Wr., S. an' Jw.; thy als all'de. t' th. thr prcs jls o' a Fc wh hv alrdy bn xplnd t' u. W–e wl. nw. mk. a fthr. advc. o' fv stps., wh. al'des. t' th fv. ords. o' arctr., wh. a'e, th. Tscn., Drc., Inc., Cornthn. and Cmpst.

B' ord. i arctr. is mnt a sstm o' al th mmbrs, prprtns, an' ornmnts o' clmns an' pilsts; or i't i' a rglr arrangmnt of the prjctg prts o' a bldg whh, unitd wth ths of a clmn, frm a beutful, prfct, an' cmplt whl.

Frm th frst frmaton o' s'ciety ordr i arcttr m'y b trcd. Whn th rigor o' th sesns oblgd mn t' cntrv shltr fm th' inclmnc o' th wther, w'e lrn tht th'y frst plntd tres on 'nd, an' thn lai' othrs acrs t' suprt a cvrng; th bnds whh connctd ths tres a' tp an' btm a'e sd t' hv gvn rs t' th ide o' th bas' an' cptl o' plrs; an' fm th smpl hnt orgnly prcdd th mre imprvd a't o' arctr.

Th Tscn

I' th mst simpl an' sol'd o' th fv. ords. It ws invntd i Tscny, whnc it d'rivs i'ts nme. I'ts clmn i' svn diamts hgh, an' i'ts captl, bas', an' entabltur hv bt few mouldgs. Th simplcty o' th constrctn o' ths clm. rends i't elgbl whr ornmt wld b suprfls.

Th Dor'c,

Wh i' plain an' natrl, i' the mst ancnt, an' ws invntd b' the Greeks. I'ts clm. i' eght diamts hgh, an' hs seldm any ornmts on bas' or captl xcpt mldngs, though th frze i' d'stnguishd b' triglphs an' metop's; an' triglphs cmpose th ornmts o' th frze. Th solid cmpsitn o' ths ord gvs i't a prfrnc i strctrs whr strnth an' a nobl smplcty a'e chiefly requred. Th Dor'c. i' th bst proprtnd o' al th ordrs; th sevrl prts o' whh i't i' cmposd a'e fnded on th natrl positn o' solid bds. I. i'ts frst invntn it ws mr simpl thn i i'ts prsnt sta'; i aftr-tmes whn i't bgn t' b' adrnd, i't gained th nme o' Dor'c; fo' whn i't ws cnstrctd i its prmitv an' simpl frm th nme o' T'scn ws cnfred on it; hnc th T'scn prcds th Dorc. i rnk on acnt o' its resmblnc t' tht pllr i i'ts orignl stae.

Th' Ion'c.

Bears a knd o' mn prportn betwn th mre solid an' delict ordrs. Its clm. i' nne diamtrs hgh; i'ts captl i' adrnd wth v'lutes, an' i'ts cornes hv dntls. Thr i' both dlicacy an' ingnuit dspl'yed i ths plr., th invntn o' wh i' attrbutd t' th Ioni'ns, as a famus Tpl. o' D'ana a' Ephess ws o' ths ord. It i' sd t' hv bn frmd aftr th modl o' an agrabl yng wmn o' an elgnt shpe dssd i her h-r; as a contrst t' th Dorc Ord., whh ws frmd aftr tht o' a strng, robst mn.

Th' Corntiin,

Th rchst o' th fv, i' deemd a mstr pce o' A't. I'ts clm. i' tn diamtrs hgh, an' i'ts captl i' adrnd wth two rws o' lvs, an' eght vluts wh sustn th aba'cs. Th frze i' ornmntd wth curius dvics, th cornc wth dentls an' modlns. Ths ord is usd i statly an' suprb strctrs. It ws invntd a' Crnth b' Calimachs, wh' i' sd t' hv takn th hnt o' th captl o' ths plr fm th flwng rmrkbl crcmstnce. Acdntly psng b' th tmb o' a yng l'dy, h' prcvd a bskt o' toys cvred wth a tile placd ovr an acnths rt, havng bn lft thr b' hr nrs. As th brnchs grw up th'y en-cmpsd th bskt, untl arivng at th tle th'y mt wth an obstrctn an' bnt dwnward. Climachs, strck wth th objct, st abt imitatg th figr: th bas' o' th captl h' md to rprsnt th bskt; th aba'cs, th t'lc; an' th vluts, th bndng lves.

Th Composi'

Is cmpnded fom th othr ords., an' ws cntrived b' th R'mns. I'ts captl hs two rws o' lves o' th Cornthn, an' th vluts of th Ionc.; its clm. hs qurtr-rounds, the sme as th Tscn an' Dorc ordr.; it is tn diamtrs hgh, an' i'ts corne hs dntls or simpl modlns. Ths plr. is genrly fnd i bldngs whr strnth, elgnc, an' b'ty. are dspl'yd.

Th anct an' orignl ords. o' arcttr rverd b' Esns ae no mre thn thr,—th D'rc, Ionc, an' Crnthn, whh wre invntd b' th Greeks. T' thes' th Rmns hve ad'd two,—th Tscn, wh th'y md plainr thn th Drc, an' th Compsi– wh ws mre ornmntl, if nt mre beautfl, thn th Crnthn. Ths thr ords alone, however, shw invntn an' prticlar chractr, an' esntialy difr fr ea othr; th two othrs hv nthng bt wh i' brrwd an' difr only acdntly.

Th Tscn. i' th Dorc i i'ts earliest sta', th Compsi i' th Cornthn enrchd wth th Ionc: t' th Greeks, thrfr, an' nt t' th Romns, w–e a're indtd fo' wht is grea, judics, an' distnct in arctr.

Th'y als al'de. t' th. fv. humn. Sns, wch a'e, Herg, Se'ng, Fe'lng, Sm'lng, an' Tast'g, th fst thr o' wh hv bn deemed pr-emnntly ncesry t' bcm an Esn ; fo' b' herng. w'e hea. th. wd., b' se'ng w'e s'e th. sn., an' b' fe'lng. w'e fe'l th. gp. whby. one Esn m'y knw. anthr. i th. dk. as i th. lt. Th sns. w–e a'e t' consdcr as th gfts o' natr, an' though nt th acquisitn o' ou' reasnng faclt, yt i th use of thm w–e a'e stl sbjct t' reasn. Reasn, prprly empl'yd, cnfirms th docmnts o' natr wh a'e alw'ys true an' wholsm; she dstnguishs th gd. f. th bd; rjcts th lst wth mdesty, adhers t' th frst wth revrnc. Th objcs o' humn knwldg a'e innumrbl; th chncs b' wh ths knwldg is cnveyd a'e fw; amng ths th prcptns o' xtrnl thngs b' th snss, an' th infrmatn we rcv fm humn tstmny, a'e nt th least cnsdrabl; th analogy btwen thm is obv'us.

I th tstmny of natr gvn b' th snss, as wl as i humn tstmny gvn b' infrmtn, thngs a'e signfid b' sgns i one as wl as th other; th mnd, eithr b' orignl prncpls or b' cstm, pses fm th sgn t' the cnceptn an' blief o' th thng signifd.

Th sgns i th natrl lnguag, as wl as th sgns i ou' orignl prceptns, hv th significatn i al climtes an' natns; an' th skl of intrprtng thm is n't acqird bt inate.

Th Snss.

F'st—Herng is that sns b' whh w'e dstnguish snds, an' a'e capbl o' enjoyig al th agreabl chrms o' mus'c. B' i't w'e a'e enabd t' enjoy th plesrs of socity, an' reciprcly to cmmunicat to eah other ou' thghts and intntions, our prpses and desires; an' thus our resn is rendrd capbl of xrting its utmst pwer and enrgy. Th wse an' bneficent author of ntre intndd b' th frmatn o' this sns tht we shd b social creatrs, and rcv th greatst an' mst imprtnt prt of our knowledg fm social intercrs wth ea other. For ths prpss we are endwd wth herng, tht by a prper xertn of our ratnal pwrs our hapness may b cmplet.

Se'ng i' tht sns by which we dstngsh objts in an inst. o' tme, wthout chng of place or stuatn, —vw armis in batle-array, figurs o' th mst statly structrs, an' al th agreabl varity dsplayd i th lndscap of natr. By th asstanc o' ths sns w'e fnd ou' way on th pathls ocn, travrs th glob, dtrmine i'ts fgure and dimnsns, and dlinete any rgn or qurtr of it; b' i't w'e measr th planetry orbs, an' mke nw dscoveris in th sphere o' th fxed strs; nay, mre, b' i't w'e preve th tmpers an' dspositns, th pasns an' affectns of ou' felw-creatrs whn th'y wsh mst to cncel thm. So tht though th tngue m'y b tght to l'e an' dssmbl, th couutnanc wl dsplay th hypocrsy t' th dscrng e'e. In fine, th r'ys o' lght whh admnstr t' ths sns a'e th mst astnshing prts of th anmatd creatn, an' rnder th e's. a peculr objc o' admraton.

Of all th facltes sght i' th noblst. Th structr of th e'e an' i'ts aprtenancs evinc th admrabl cntrivnc of natr fo' prfrmng al it's varous xtrnal and intrnl motns; whle th' varity dsplayed i th e's. of dfernt anmls, sitd to thei sevrl wa's of lfe, clerly dmnstrat ths orgn t'b th mstrpice of natr's wrk, an' tht thr i' a grea suprem architect tht forms al thngs arigt.

Le'. us nw. mk. a stl. fthr advnc. o' svn. stps, wh. all'des. t' th. svn. lbral. a'ts an' sci'ncs, wh. a'e., Grmr, Rhtrc, Lgc, Arthmtc., G'mtry, Mus'c, and Astnmy.

Grmar.

I' th k'y b' whh alone th door cn b opnd to th undrstndng o' spech. I't i' grmr whc reve'ls the admrabl art o' lnguag, and unfolds its various cnstituent prts, its names, defnitions, and rspectve offics; it unravls, as it wer, th thrd o' wh th wb o' spch is composd. Thes rflectns seldm ocr to any one bfor thei acqaintnc wth th art; yet it is mst crtn tht wthout a knwledg of grmmr i't i's very dfficlt t'o spek wth prprity, prcisn, an' purity.

Rhtrc.

I't i's b' Rhtrc tht th art o' spkng eloqntly i's acqird. T' b. an eloqnt spkr, i th prpr sns o' th wrd, i' fr fm bng eithr a cmmon or an easy atainmnt. I't i' th art of being persuasive and commanding; th art nt onl o' plesng th fncy, bt o' spekng both t' th undrstndng an' t' th hart.

L'gic

Is that scinc whh drcts us hw t' form cler an' dstnct ides of things, and thrby prvnts u's fm bng msled by their simlitud or rsemblnc of all the human scincs. That cncrnng man is crtnly mst wrthy of the humn mnd, and the prpr mnr of cndctng its several pwrs in the attainmt of trth and knwldg.

This scinc ought to be cultvatd as a foundatn or groun-wrk of our inqires; prticlrly in the pursuit of thse sblime prncipls wh claim ou' atntn as Esns.

Artimtc

Is the at.' o' numbrng, or that part o' mthemtcs whh cnsders th prpertis of nmbers in gneral. We have but a vry imprfct ido of thngs wthout quntity, and as imprfct of quntity itslf, wthout th hlp o' arthmtc. Al th wrks o' th Almghty a'e mde i number, wght, an' measre; thrfor, to undrstnd thm rihtly we ouht to undrstnd arthmtical clculatns; an' th greatr th advncmnt we mke i th mathmtcl scincs, th mor capbl w'e shl b o' consdrng suh thngs as a'e th ordnary objcs of our cncptns, and be thrby ld t' a mor comprhnsv knwldg of ou' grea creat'r, and the works o' th creatn.

Gmtry

Trets o' th pwrs an' proprts of mgnituds in gnerl, where lnth, bredth, and thkns are cnsidrd fm a point t' a ln, from a ln to a suprfic, and fm a suprfic to a sol'd. A pnt is the bgning o' all gmtrcl mtter. A ln is a cntinutn o' th sme. A suprfc is lnth an' bredth wthout a gvn thkns. A sol'd is lenth and bredth, wth a gven thkns, wh frms a c'be, and cmprehnds th whol.

Of th Advntags of Gmtry.

B' ths scinc th arctct i' enabd t' cnstrct hs plns and xecut hs dsins; th genrl to arang hs soldrs; th engneer t' mrk out grouns fo' encmpmnts; th geogrphr to gv us th dimnsns of th wrld and all thngs thrin cntaind; to dlinat th extcnt of ses, and specify the divsns of empirs, kngdms, and prvncs. B' i't, als, th astrnmer is enabd to mke hs obsrvatns, and to fx th duratn of tim's an' sesns years, an' cycls. I. fin', Gmtry is th foundtn o' arctctr, an' th root of mthmatcs.

Mus'c

I' tht elvatd scinc whh afcts th pasns by snd. There are fw wh' hv nt flt i'ts chrms an' acknwldgd i'ts xprsns t' b intligbl to the hrt. It is a lnguag of dlightfl snsatns, far mor eloqnt thn wrds; it breths to th ear th clearst intimtns; it tuchs and gntly agitats th agreabl an' sublime pasns; it wrps us i mlanchly an' elvats us i joy; it dsolvs an' inflames; i't mlts us i tndrns, an' xcits us to w'r. Ths scinc i' truly cngenial t' th natur o' mn, for by its pwrfl chrms th mst dscrdant pasns may b hrmnizd an' brot int' prfct unisn; bt it nevr snds wth suh sraphic hrmny as whn 'mployd in sngng hmns o' gratitud t' th Creatr o' th univrs.

Astnmy

I' tht sblime scinc whh inspirs th cntmplatv mnd to so'r alof, an' read th wsdm, strenth, an' bty o' th grea Creatr i th hvns.

Hw nobly eloqnt o' th Dei i' th celstial hmisphcr, spngled wth th mst magnficnt heralds of hs infnit glory! Th'y spk t' the whlc univrs, for there is no

spch so brbarous but thei lnguag is undr-
std; nor nation so dstnt bt their voics a'e
hrd amng thm.

Th hevns prclaim th gl'ry o' G; th firma-
mnt declreth th wrks o' hs hnds.

Asistd by Astnmy we asctn. th. lws
which gvn the hvnly bdies, and by wh
thei motns a'e drectd; invstigte th pwr by
wh th' crculat i thei orbs; dscovr thei siz,
dtermin their distnce, xplain thei varous
phenmena, and crrect th fallacy o' th' snss
b' th lght o' tru'h.

Sd. M' Br., w'e a'e. nw. aprhng. a plc.
rprsntg. th. outr. dr. o' th. M. Chm. o' K. S's.
T., wh. w'e shl. fnd. prtly. opd.; bt. clsly. td.
b' th. Jw., wh.' wl. dtls d.md. o'. us th
ps. an'. tkn o'. th ps o'. Fc.; le'. us advc.
an' mke. th. r'glr. al'm. (Sd. mks. al'm. wth.
hs. stff.)

7w. Wh'. cms. hr.

Sd. Two Fc's. endvrng. t' wk. ou'. w'y
int a plc rprsntg. th M. Chm. o' K. S's. T.

7w. IIw. d' u. xpc. t' gn. admsn.

Sd. B' th. ps. an' tkn. o' th. ps. o' a Fc.

Jw. Gv. m th. ps.

6d Sb.

Jw. Wht. ds. tht. d'nt.

Sd. Plnt.

Jw. Hw. i'. it rprsntd.

6d. By a shf. o' crn* sspnd. nr. a wtr. fd, wh. tchs. us tht. whl w-e hv brd t'. ea an' pure rng wtr t'. drnk w-e hv. al. tht natr requrs.

Jw. B' whm orgnatd.

6d. B' Jpth., Jg o' Isrl., i hs. btl. wth. th. Ephmts. Th Ephmts. h'd. lng. bn. a stubn. an' rblious. p'ple. whm. Jpth. h'd. trd. t' subd. by mld. an' lnint. measrs., bt i vai'.—th'y. bing hghly incnsd fo' nt bng c'led t' fght an' sh're. i th. rch. spls. o' th. Amntsh. wr.—gthrd. togthr. a mghty. a'my. an' crssd th. rvr. Jn. to gv. Jpth. btl.; bt h' bng. apprsed. o' thei'. apprh., clled. tgthr. th. mn. o' G'ld an' gve. thm. btl. an' pt. thm. t' flht.; an' t' mk. hs. vctry. mr. cmplt., h' ord. grds. t' b plcd. a' th. dfrnt. frds. o' the rvr. Jn. an' commndd if th Ephmts psd. tht. w'y t' s'y unt. thm., S'y. ye Sbh.; bt. th'y bng. o' a dfrnt. tng. cld. nt. prnc. th. wd., bt prncd. i't sbl., wh. trflng.

---

* In some Hadoths Whea.

dfct. prvd. thm. enms. an' cst. thm. thei'. lvs., an' th'r. fl. tht. d'y. on th. btl.-fld. an' a' th. dfnt. fds. frty. an' tw. thsn. Ths wd. ws. als' us'd. b' ou' anct. brn. t' dstngsh. a frn'. f'm. a fo, an' hs. snc'. bn. adpd. as a ps.wd. t' b. gvn. on entg evry wl. gvd. ⚑ o' Fc.

7w. Th. ps i' rt. I 'm satsfd.; ps. on.

Sd. M' Br., w'e a'e nw. apprhng. a plc. rprsntng. th. inr dr. t' th. M. Chm. o' K. S's T. wh. w-e shl. als. fnd. prtly. opd., bt clsly. td. b'y th. Sw. wh'. wl. dtls d.md o' us th rel. gp an' wd. o'. Fc.

Sw. Wh'. cms. hr.

6d. Two Fcs. endvr'ng. t' wk. thei' w'y. into a plc. rprsntg. th. M. Chm. o' K. S's. T.

8w. Hw. d' u. xpc. t' gn. admsn.

Sd. B'. th. gp. an' wd. o' a Fc.

8w. Gv. m-e th. gp. (Sd. gvs. th. rl. gp. o' a F—.)

Sw. Wht. i' tht.

6d. Th. rl. gp. o' Fc.

8w. Hs. i't a nm.

Sd. I't hs.

8w. Wl. u. gv. i't t' m-e.

6d. I d'd. nt. so rcv. i't, nthr. wl. I sc impt. i't.

Sw. Hw. wl. u. dsps. o' i't.

6d. I wl. lt. or hv. i't wth. u.

8w. Lt. i't an' bgn.

Sd. No, u. b.gn.

Sw. B.gn u. (see 🜊 for wd. and mnner of gvng. it.)

6d. M' Br., u. a'e nw. i a plce. rprsntng. th. M. Chm. o' K. S's. T. B.hld. th. lt. G. suspd. i th. E.; i't i' th. initl. o' Gmty, th. fst. an' nobls. o' scncs.; i't i' th. basis upn wh th suprstrctr o' Esnsm i' erctd. B' Gmtry w-e m'y curisly. trce natr throuh hr varius windgs t' hr most cnceld recses; b'y i't we dscvr th pwr, th wsdm, an' th goodnss of the Gran' Artficr of th Unverse, an' vw wth dlght th prportns wh cnnect ths vast mchine; b' i't we dscvr hw th plnets mve i thei dffernt orbts an' demnstrat thei varius revolut'ns; b' i't we acct fo' th rturn o' th sesns an' th varity o' scens wh ea ses'n dsplays t' th dscerng e'e. Numers wrlds a'e arou us, al frmd b' the sme Dvine A'tist, an' a'e al cnductd b' th sme unrng lw o' natr. A srvey o' natr an' th obsrvatn o' hr beautfl prprtns fst dtrmnd man t' imtate th dvine pln an' stdy symtry an' ordr. Ths gve rise t' socits an' brth t' evry usfl a't.

Th arctct bgn t' dsgn, an' th plns wh h' ld dwn, bng imprvd b' tme. an' xperinc hv prducd wrks wh a'e the admratn o' evry age.

Th' laps o' tme, th ruthls hn o' ignorance, an' th dvstatns o' wr, hv lai wste an' dstroyd mny vluabl mnumnts o' antquty on wh th utmst xrtns o' humn gens hv bn employd; evn th Tpl o' S., so spacs an' mgnificnt, an' cnstructd b' so many clebrabtd artsts, escpd nt th unspring rvags of brbars forc,—Esnsm, ntwithstnding, hs stl srvivd. Th atntv ea revs th snd fm th instrctv tng., an' th msts of Esnsm a'e sfely ldgd i th rpositry o' fthfl. bs; tls an' impmts of arcttr. are slectd by th Frtty. to imprnt on th mnd wis and serus truths, and thus thruh a succssn o' ags a'e trnsmtd unimprd th xclnt tnts o' ou Insttn.

Sd. Wr., I nw prsen t u. Br Fc. H, wh

hs md an advc thrh a prh. up a flt. o' wdng. strs., cnstng. o.' thr., fv, an' svn stps, thrgh an outr. and an inr dr., int a plce rprsnting the M Chm. o' K. S's. T. M'. br., I cngrtult. u. upn. yr. arrivl int. a plc. rfrsntg. th. M. Chm. o' K. S. T. I't. ws. thr. ou' anct brn. rcd thei wgs., cnstng o'. cn., wn. an' oi, 'mblmatcl o'. nrhmt., rfshmt an' j'y. I't ws. thei als tht. th'y hd. thei nms rcrdd, as fthfl wkmn. ; i't. i'. hre. u a'e. enttld t'. hv. yrs. rcrd a's. sch.—Br Sc, mkc th ncśry rcrd.—Ts dn, wfl.

Wr. M' Bro., th lt. G. t' wh yr. attntn hs bn drctd hs. a highr sgnfcatn.,—i't all'ds t' th sac'd nme o' Gd (here gvs thr rps wth th gvl. whn a'l in th ris. t' thei'. ft.), t' whm w–e shd al, fm th yngst E. P. wh' stns i' th N. E. cr. t' th Wr. wh' prsids i th E., mst hmbly an rvrntly bw (h're al bw thr hds).

Wr. Thr i' als a Lctr. cnctd. wth ths. rnk. wh i't wl. b. ncsry. fo' u. t' lrn. b'fore u. cn. rcv yr. thd. rnk.

Lctr.

Wr. Br. 6d., a'e. u. a Fc.
6d. I 'm ; tr. m-e.
Wr. B' wht w'l u. b. trd.
Sd. B' th. sq.
Wr. Wh. b' th. sq.
6d. B.cs. i't i' an mblm. o' mrlity an' on' o' th. wkng. tls. o' Fc.
Wr. Wt. i' a sq.
6d. An ngl. o' nty. degs. or th. frth. prt. o' a crcl.
Wr. Whr. wr u prpd. t'. b. md. a Fc.
Sd. I a roo adjng th bd o' a jst an' dl. cnstd o' Fcs.
Wr. Hw. wr. u. prpd.
6d. B'. bng dvst. o' a'l mtc. sbs., nthr nd. nr. cltd., bft. nr. sd., rt kn. an' bs. br., hwkd an'a c'to. twc. abt. m' rt. 'rm, clthd as an E. P., i wh. cndtn. I w's. cndtd. t' a

dr. o' th. ⚐ an' csd. t' gv. thr. dstct. kns wh. wr. ans. b' thr. fm. wthn.

Wr. Wt. ws. sd. t' u. fm. wthn.

Sd. Wh. cms. hr.

Wr. Yr. ans.

6d. J. H., a rgly. initd. E. P., hvg. svd. a prpr. tme. as sh. an' nw. wshs. mr. lt. i Esnsın b' bng. psd t' th rnk. o' Fc.

Wr. Wt. wr u. thn. 'sk'd.

6d. If ths. ws. an ac' o' my o'n. fr. w'l an' acd.; if I ws. wthy. an' wl qulfd., dl. an.' trl. prpd., an' if I hd. md. sutbl. prfcnc i th. predg. rnk. t' cnttl. m-e t' ths.; a'l o' wh. bng ans. i th afrmtv., I ws 'skd. b' wht. fthr. rt. o'r bnft. I xpc. t' gn. ths. impt. prvlg.

Wr. Yr. ans.

6d. B' th. bnft. o' th. ps.wd.

Wr. Hd. u. th. ps.wd.

Sd. I hd. nt.; m' cnd. gv. i't fo'. m-e.

Wr. Wt. wre u. thn. tld.

6d. Bng i psn. o' al. ths. necsry. qlfcatns., I shd. wai' untl. th. Wr. cd. b. infmd. o' m' reqst. an' hs. ans. rtrnd.

Wr. Wt. ws. hs. ans. whn. rtrnd.

Sd. Le'. hm. ent. ths. wfl. 🔔 o'. Fc. an' b. rcd. i d'e an' anc. frm.

Wr. Hw. wre. u. rcd.

6d. Upn th. 'ngl o' a sq. apld t' m' nd. rt. bs., th. mral. o' wh, ws. t' th. m-e tht. th. sq. o' vrtu shd b. a rle an' guid' fo'. m' practc thrh. lfe.

Wr. Wht. ws. thn. dn. wth u.

Sd. I ws. cndtd. twc rgly arou. th. 🔔 an' t' th. Jw. i th S., whr th sme ques wr ask'd an' ans rtrnd as a't th dr.

Wr. Hw. d'd. th. Jw. dspse. o' u.

6d. D'rctd. m'e t' b. cndtd. t' th. Sw. i th W., whr th sme qes wr 'skd an' ans rtrnd as bf're.

Wr. Hw. d'd. th. Sw. dsps. o' u.

6d. Drctd m'e t' b. cndtd. t' th. Wr. i th E., whr th. sme ques wr agn 'skd an' ans rtrnd as bf're.—wh' als' d.md'd o' m'e whnc. I cme. an' wthr. I ws. trvlg.

Wr. Yr. ans.

Sd. Fm. th. W., trvlg. E.

Wr. Wh d'd. u. lv. th. W. an' trvl. E.

6d. I srh o' mr. lt. i Esnsm.

Wr. Hw. d'd. th. Wr. dsps. o' u.

Sd. Ord. m'e t' b. rcndtd t' th Sw. i th. W., wh' tght. m'e hw. t' aprh. th. E. i' d'e. an' anc. frm.

Wr. Wht. i. tht d'e an' anc frm.

6d. Advncg. on th. nkd. r f–t. brngng. th. hl. o' th. lf. t' th. hlw. o' th. rt., thby. fmg. th. 'ngl. o' an obl. sq.

Wr. Wt. d'd. th. Wr. thn. d'. wth u.

6d. Md. m'e a Fc.

Wr. Hw.

6d. I d'e frm.

Wr. Wt. i' tht d'e. frm.

Sd. Knlg. o'n m' nd. rt. kn., m' lf. fmg. th. ngl. o' a sq., m' rt. hn. rstg o'n th. H. B., Sq. an' Cps., m' lf. 'rm elcvt. t' th. 'ngl. o' a sq., wth m' hn. in a vrtcl postn., i wh. d'e frm. I tk. upn m'sl. th. sm. obg. o' Fc.

Wr. Aft. th. obg. wt. wr u. thn 'skd.

6d. Wt. I mst d.srd.

Wr. Yr. ans.

Sd. Mr lt. i Esnsm.

Wr. D'd. u. rev i't.

6d. I d'd, b' ord. o' th. Wr.

Wr. On bng. brt t' lt. wt d'd u. b.hld.

Sd. Th. thr. gt lts. o' Esnsm, as i th.

prcdg. rnk, bt. wth. ths. dfrnc. : on' pt. o' th. cps. ws abv. th. sq., wh. ws. t' th. m'e tht. I hd. rcd an' ws. enttld t' rcv. mr. lt. i Esnsm ; bt. as on' pt. ws. stl. hdn. fm. m' vw. i't ws. als t' th. m'c tht. I ws. yt on' materl pt. i th. dk. rspctg. th. scts. o' F Esnsm.

Wr. Wt d'd. u. nx b.hld.

6d. Th. Wr. aprhng. m'e fm. th. E., upn th. stp. und. th. dg an' sn. o' E. P., upn th. stp. und. th. dg an' sn. o' Fc., wh' prsntd. m'e hs. rt. hn. i tkn. o a cntnnnc. o' frnshp an' brthl. lv., an' prcdd. t' invs m'e wth. th. ps. gp., pswd., r'l. gp., an' wd. o' Fc., an' ord. m'e t' ari'. salu. th J. an' Sw's., an' stsfy. thm. tht. I ws. i possn. o' th. stp., dg., sn ps. gp. ps.wd. r'l. gp., an' wd. o' Fc.

Wr. Wt. dd th. Wr. thn d' wth u.

Sd. Ord. m-e t' b. rcodtd. t' th Sw. i. th. W. wh' tght. m-e hw. t' wea. m' ap as a Fc.

Wr. Hw shd a Fc wr hs ap.

Sd. Wth. th. lf cr. tnd up thby frng a rcptcl fo' th snl tls o' th cft.

Wr. Wh. ws. th. c.to. twc'. abt yr. rt. 'rm.

Sd. T' dent tht. I ws. as a Fc., und. a dbl. t'e. t' th. Frtty.

Wr. Wt. wr. u. thn prsntd wth.

Sd. Th wkg. tls. o' a Fc., wch a'e. th. pl., sq., an' l'vl., an' a'e. thu' xplnd: th. pl. admnshs. us. t' wlk. uprghtly. i ou svrl. statns. bfor G. an' mn, sqrg. ou' actns. b' th. sq. o' vrtu. an' evr. rmmbrng tht w'e are trvlng on th. lvl. o' tm. t' tht undscvrd cntry frm whse bour no trvlr evr rtund.

Wr. Wt wr. u. nx. prsntd wth.

6d. Th. thr. prcs. jls. o' Fc., wh. a'e. an atntv. ea'., an instctv. tng., an' a fthfl. bs., an' a'e. thu'. xplnd: th. atntv ea'. rcvs. th. snd. fm. th. instctv tng, an' th. scts. o' Esnsm a'e. safly ldgd. i th. rpsitoris. o' fthfl bs.

Wr. Wt. ws. thn dn. wth u.

Sd. I ws. ord. t' b. rcndtd. t' th. plc. whnc. I cme., b. invs. wth. th. o' wh. I hd. bn. dvs., an' i d'e tm. rtnd t' th. 🗡 fo'. fthr instcn.

CHRG.

Br., bng psd. t' secnd rnk i Esnsm w'e cn-grtult u. on yr prfmmnt. Th intrnl an' nt th xtrnl qulifcatns o' a mn a'e wht Esn-sm rgrds; as u. incres i knwldg u. wl imprv in socl intrcrs. I't i' unncssry t' rcapitult th duts wh as a Fc u. a'e bnd t' dschrg, or t' enlrg on th necsity o' a strct adherenc t' thm as yr own xperinc mst hv establshd thr vlu. Ou' l-s an' rglatns u a'e strnusly t' supprt, an' b' alw'ys rdy t' ass't i seng thm d'ly exctd; u a'e nt t' palli'te or aggrvat th ofncs o' ou' Brn; bt i th decisn o' every trspss agnst ou' rles u. a'e t' jdge wth cndor, admnsh wth frnshp, an' rprhnd wth jstc.

Th stdy o' th lberal a'ts, tht vluabl brnch o' educatn wh tnds so effectlly t' pol'sh an' adrn th mnd, i' ernstly rcomendd t' yr cnsderatn, espcilly th scinc o' gmtry, wh i' estblshd as th b'sis o' ou' art. Gmtry or Esnsm wr orignly snonymus trms, bng o' a dvin an' mral natr, i' enrchd wth th mst usfl knwldg; whle i't prvs th wndrfl proprts o' natr i't dmnstrats th m're imprtnt tr'ths o' mrality.

Yr pst bhavr an' rgulr dprtmnt hv mritd th hnor wh w'e hv nw cnfrd; an' i yr nw chractr i't i' xpctd tht u wl cnfrm t' th prncpls o' th ord b' stdily prsverng i th prctic o' evry cmmndabl vrtu. Sh i' th ntrc o' yr engagmnts as a Fc., an' t' ths dutis u. a'e bnd b' th mst sac'd ts.

CLOSNG.

Wr. Br. 5d., th. ls as wl. as fs gt. ca. o' Essenes whn. cnvd.

5d. T' s'e. tht th'y. a'e dl. td.

Wr. Atn t' tht. dt. an' infm. th. T. tht. I am abt. t' clsc i th. scnd rnk. t' rsme lbr. i th. thd.; drct. hm. t' tk d'e. ntc. thrf an' gvn. hmsl. ac'ly. Br. Sd., atn. a' th. al. an' clse th. grt. lt.

5d. Wr. th T. i infmd.

Wr. Ts wl. Ac'ly. I d.clr ths ⚑ clsd. i. th. scnd rnk. an' lbr rsmd. i th. thd., wavn. a'l. frthr. cermns.

Br. 5d., infm th. T. Br. Sd., atn a' th. al an' dspl. th. thr grt. lts.

Wr. Br. Sw., d' u. knw o' anythg fthr b.f're ths. ⚑ o' Esns prevs t clsng.

8w. (rsng. t' hs. ft.) Nthg, Wfl.

Wr. Anythg. i th. S., Br. Jw.

7w. Nthng, Wfl.

Wr. Br. Sc., hv. u. anythg on yr ds.

Sc. Nthng, Wfl.

Wr. Any Br. arou. the 📖 anythg t' ofr fo' th bnfit o' Esnsm, b.f're. w'e prc'd t' cls.

Wr. Th. rdng o' th. mnts o' th. prsn cmctn. (Sc. rds. mts.)

Wr. Br. Sw., hv u. any altratns or adtns t' mk.

Sw. I hv. nn.

Wr. Br. Jw., hv u. any t' mk.

Jw. Nn, Wfl.

Wr. Hs. any Br. prsn any.

Wr. Th. mnts wl. st. aprvd if th're a'e. no objns. (Wr. gvs on' rp whn th Jd. rss. t' hs ft.)

Br. 5d., th. ls as wl. as fs gt ca. o' Esns, whn cnvd.

5d. T' s'e. tht. th'y. a'e. dl td.

Wr. u. wl. atn t' that dt an' infm. th. T. tht. I 'm abt t' cls ths 📖, an' d'rct. hm, t' tk d'e ntc thrf. an' gvn hmsl. ac'ly.

5d. We a'e dl td, Wfl.

Wr. Hw a'e w'e td.

Jd. B' a M. Esn wtht a'rd. wth. th. prpr. impmt. o' hs. ofc.

Wr. Hs. dt. th're.

5d. T' obs. th. aprh. o' cns. an' edps. an' s'e tht. nn ps. o'r rps. xcp. sh. as a'e. dl. qlfd an' hve. prmsn. fm. th. Wr.

Wr. Br. 8w., th. Jd's. plc. i th 🛡.

8w. A' my. rt. hn.

Wr. (Two rps, al o' th ofcs ri. to' thr ft.) Yr. dt. th're. Br. Jd.

5d. T' ca. m'sgs. fm. th. Sw. i. th. W. t' th. Jw. i th. S. or elswh abt th. 🛡, as h' m'y drct; atn t' al'ms. a' th. outr. dr. an' rprt th s'm t'. th. Wr.; als t' s'e tht. w'e. a'e dl. td.

Wr. Br. 5d., th. Sd's. plc. i th 🛡.

5d. A' th. rt hn. o' th. Wr. i th. E.

Wr. Yr. dt. th're, Br. Sd.

6d. T' ca. ords. fm. th. Wr. i th. E. t' th. Sw. i th. W. or elswh abt th. 🛡, as h' m'y drct. ; atn t' al'ms. a' th. inr dr., wlcm. an' clth vstg. Brn., als t' rcv. an' cndt. cndts.

Wr. Br. 6d., th. 7w's sta.

Sd. I th. S.

Wr. Wh. i th. S., Br. Jw.

7w. T' obs. th. su. a' mrdn., wh. i' th.

gl'ry. an' bty. o' th. d'y. ; t' cl. th. cft. fm lbr. t' rfshmts, supntnd. thm. d'rng. th. hrs. thrf., an' cfly. t' obs. tht. th. mns. o' rfshmt a'e nt prvtd t' intmpc. or xcs. t' s'e. tht. th'y rtn t' thei' lbr agn i d'e sesn., tht. th. Wr. m'y rcv. hnor. an' th'y plesr. an' prft. thby.

Wr. Th. Sw's sta.
Jw. I. th. W.
Wr. Wh. i th. W., Br. Sw.
Sw. As th. su. i' th. W. a' th. cls. o' th. d'y., so stns. th. Sw. i th. W. t' as'st. th. Wr. i opg. an' clsg. th. ⛨, p'y. th. cft. thr wgs. if any b. d'e., tht. nn. m'y go aw'y dsatsfd., hmny. bng. th. suprt. o' a'l inst'tns., espcly. ths. o' ou's.

Wr. Br. Sw., th. Wr.'s sta.
Sw. I th. E.
Wr. Wh. i th. E.
Sw. As th. su. rs. i th. E. t' op. an' gvn. th. d'y so rs. th. Wr. i th. E. t' op. an' gvn. th. ⛨, st. th. cft. t' wk., gvg. thm. prpr. instcn. f'. thr. lbr.

Wr. Br. Sw., i't i' m'y. ord. tht. —⛨— b. nw. clsd, an' stn. clsd. untl. ou' nx.

rglr. cmcatn., unls espcly. cnvd., i wh cs. o' emrgnc. d'e. an' tmly. ntc wl. b. gvn.; ths u. wl. cmnct t' th. Jw. i th. S., an' h' t' th. Brn prsn., tht. th'y., hvg d'e ntc thrf. m'y. gvn. thmsls ac'ly.

Sw. Br. Jw., i't i' th. ord. o' th. Wr. i. th. E. tht —⛺— b. nw clsd. an' stn. clsd., untl. ou' nx. rglr. cmcatn., unls. espcly. convd., i wh. cs. of emrgncy. d'e an' tmly ntc wl. b. gvn.; ths. u. wl. cmcte. t' th. Brn. prsn. tht. th'y hvg d'e notc. thrf. m'y gvn. thmslvs. ac'ly.

7w. Brn., i't i' th. ordrs. o' th. Wr. i' th. E. cmcatd. t' m thrh. th. Sw. i th. W., tht. —⛺— b. nw. clsd. an' stn. clsd untl. ou' nx. rglr. cmcatn., unls espcly. cnvd, i' wh. cs o' emrgncy. d'e an' tmly ntc. wl. b. gvn. Ths. I comcte t' u. tht. u. hvg. d'e ntc. thrf. m'y gvn. yslvs. ac'ly.

Wr. Brn., obs. th. E. an' atn. t' gvn. th. sns. (th. dg. an' sns. o' ea. rnk a'e. nw gvn b' Wr. an' Brn., aftr wh. th. Wr. gvs thr. rps. wth. hs. gvl., wch i' rspndd. t' b' th. S. an' Jw's. wth' thr. rps. ea.)

Wr. Br. Sw., hw. shd. Esns mt
8w. O–n th. lv.
Wr. An' hw. ac', Br. Jw.
7w. B' th. pl.
Wr. An' pt. o'n tĥ. sq. So le' us evr mt. ac'., an' pt. (whn th. Wr. tks. o— hs. ht. an' rpts th. flwng, or sme suitabl. pra'r:) M'y th. blsng o' hvn. rest. upn. us, an' al Esns.; m'y brthly lv. prvail, an' evry mral an' soc'l vrtu cmnt us. Amn.

Rspons. So m't i't b.

Wr. Brn., 1 nw dcclr ths ▲ clsd.

Br. 5d., infm. th. T. Br. 6d, atn. t' th. al. an' cls. th. gt. lt.

THD RNK.

———o———

SECTION 1.

Wr. Br. 5d., th. fs. gt. ca. o' Esenes whn. cnvd.

5d. T' s'e tht. th'y a'e dl. td.

Wr. Atn. t' tht. dt. an'. infm. th. T. tht. I 'm abt. t' op. —✠— i th. thd. rnk. an' drct. hm. t'. tk. d'e ntc. thrf. an' gv. hmsl. acly.

5d. Wr., we a'e dl. td.

Wr. Hw. a'e we td.

Jd. B'. a M. Esn wtht. ar'd wth. th. prp. impt. o' hs. ofc.

Wr. Hs. dt. th're.

5d. T' obs. th. aprh. o' cns. an' edps; t' s'e tht. nn. ps. or rps. xcp. sh. as a'e dl. qlfd. an' hv. pmsn. fm. th. Wr.

Wr. 'Ts wl. Br. Sw., a'e a'l prsn. M. Esns.

8w. I wl. astn. fm. the prp. ofc. an' rprt. Br. Jd., u. wl. astn. if a'l prsn. ae M. Esns.

Jd. Br. Sw., a'l. prsn. a'e M. Esns.

Sw. Wr., a'l. prsn. a'e M. Esns.

Wr. As a fthr. evdce. tht. a'l prsn. a'e M. Esns u. w'l. rcv. th. ps. wd. fm th' S. an'. Jds., wh' wl obt. it fm. th. Brn. on th. rt. an' lf. o' th. ⛨ an' cmct i't t'. th. E.

8w. Th. Ds. wl aprh. th. W. an' gv. m'e th. ps.wd.—u. w'l nw. rcv. th. sm. fm. th. Brn. o'n th. rt. an. lf. o' th. ⛨ an' cmct. i't t'. th. E.

Wr. Br. Sw., th. ps.wd. i'. rt. an' dl. rcd. i th. E. A'e u. a M. Esn.

Sw. I 'm.

Wr. Wt. indcd. u. t'. bcm. a M. Esn.

8w. Tht. I m't obt. th' m's wd., trvl in frn. cntrs; wk. an. rcv. m's wgs. an' b. thby th. bttr. enbld. t' suprt. mysl an' fmly. an' cntrbt. t' th. relf. of dstrd. wthy. M. Esns, thei'. wds. an' orph'ns.

Wr. Wt. mkes. u. a M. Esn.

Sw. M'. obg.

Wr. Whr. wr. u. md. a M. E.

8w. Wthn. th. bd. o'. a js. an' dl. cnst'd.
🔺 of M. Es. asmb'd i a plc. rprsntg. th. unfnshd. snc. snctm o' K. S's T., fnshd. wth. th. H. B., Sq., an' Cps., t'gthr wth. a chtr. or dspsatn. fm. sm. G. bd. o' cmpt. jsdctn. emprng it t'. wk.

Wr. Hw. mny. c'mps. a M. Esns. 🔺.

Sw. Thr. or mr.

Wr. Whn. cmpsd. o' fv., o' whm. ds. it cnst.

8w. Th. Wr., S. an' J. Ws., S. an' Jds.

Wr. Th. Jd's. plc. in th. 🔺.

Sw. A' my rt. hn.

Wr. Yr. dt. thr, Br. Jd.

5d. T' ca. msgs. fm. th. Sw. i th. W. t'. th. Jw. i th. S. or elswh. abt. th. 🔺, as h' m'y d'rct—atn. t'. al'ms. a' th. outr. dr. an' rprt th sm t' th Wr.; als t'. s'e tht. w. a'e dl. td.

Wr. Br. 5d., th 6d's plc. i th. 🔺.

Jd. A' th. rt. hn. o' th. Wr. i th. E.

Wr. Yr. dt. thr, Br. 6d.

6d. T' ca. ords. fm. th. Wr. i th. E. t'. th. Sw. i th W. or elswh. abt th 🔺 as h' m'y

d'rct; atn. t'. al'ms. a' th. inr. dr., wlc. an'.
clth. vstg. Brn.; als t'. rcv. an'. cndt. cndts.

Wr. Br. 6d., th. 7w's sta.

6d. I. th. S., Wfl.

Wr. Wh. i th. S., Br. 7w.

7w. T' obs. th. su. a' mrdn. wh. i' th. glry.
an'. bty. o' th. d'y; t'. cl th. cft. fm. lbr. t'
rfshmts, supntn. thm. durn. th. hrs. thrf.,
an' cfly t'. obs. tht. th. mns. o' rfshmts. a'e
n't. pvrtd. t'. intmpc. an'. xcs; t' s'e tht.
th'y r'tn t'. thei' lbr. agn i d'e se'sn tht. th Wr.
m'y rcv. h'nor an' th'y. plsr. an' prft. thby.

Wr. Th. 8w's sta.

Jw. I. th. W., Wfl.

Wr. Wh. i th. W., Br. 8w.

8w. As th. su. i' i th. W. a' th. cls. o' th.
d'y, so stns. th. Sw. i th. W. t'. as't th. Wr.
i opg. an' clsg. th. 🕍; p' th. cft. thei'. wgs.
i'f an- b. d'e tht. nn. m'y g-o aw'y dstsfd.
—hmny. bng th. supt. o' a'l institns., espcly
ths o' ou's.

Wr. Br. Sw., th. Rabban's sta.

Sw. I th. E.

Wr. Wh. i th. E.

gvn. th. d'y, so rs. th. Wr. i th. E. t' op. an'. gvn. th. ◈; s't th. cft. t'. wk., an gv. thm. prp. instctns fo' thr. lbr.

Wr. Br 8w., i't i' m' ord. tht. —◈— b. nw. opd. i th. th'd rnk. an'. stn. op. fo' th. trnsctn. o' s'h bsns. as m'y rgl'y. an' cnst'nly b. brt. bfr i't. Ths. u. w'l cmnt t'. th. Jw. i' th. S., an' h t'. th. Brn. prsn., tht. th'y hvg d'e ntc. thrf. m'y gvn. thmsls. ac'ly.

8w. Br. Jw.

Jw. Br. 8w.

8w. I't i' th. ord. o' th. Wr. i' th. E. tht. —◈— b. nw. opd. i' th. th'd rnk, an' stn. op. fo' th. trns'ctn o' s'h bsns. as m'y rgl'y. an' cnsttnly. b. brt. bfr. i't. Ths u. w'l cmnct. t'. th. Brn. prsn., tht. th'y hvg. d'e ntc. thrf. m'y gvn. thmsl's acly.

7w. Brn., i't i' th. ord. o' th. Wr. i' th. E., comncd. t' m'e thrh. th. Sw. i' th. W., tht. —◈— b. nw. opd. i' th. thd. rnk. an' stn. op. fo. th. trnsctn o' s'h bsns. as m'y rgly. an' constnly. b. brt. bfr. i't. Ths. I cmnct. t' u. tht. u. hvn. d'e ntc. thrf. m'y gvn. yrsls. ac'ly.

Wr. Brn., obs. th. E. an'. atn. t.' gvn. th. sns. (sns a'e nw. gvn b' Wr. an'. Brn).

I nw. dclr. ths ⌂ dl. opd. i' th. thd rnk., a' th. sm tm. frbdg. a'l idl. or othr. unesnic cndt. whby. th. pc. an'. hmny o'. th. sm. m'y b. dstbd, un. no ls. a pnlt. thn. th. b'-lws. prscrb. or a mjrty. o' th. Brn. m'y s'e c'se t'. inflt.

Br. 5d, infm. th. T. Br. 6d, atn. t'. th. al. an'. dspl. th. thr gt lts i' Esnsm.

Wr. Br. Sc., I wl. thnk u t'. r'd. th. mnts. o'. ou' lst cmctn.

Wr. Brn, u. wl. nw. p'y. atntn. t'. rdg th mnts o'. ou'. lst cmnctn.

Sc. (r'ds.) A' a rglr. mtg. o'. —⌂— o'. F an' Acd. Essenes. hld Jan. f'st (here give place of meeting), a' 5869, th. ⌂ ws opd i d'e an' anc frm i th. thd rnk. i Esnsm. Th. mnts. o'. ou'. lst cmctn. wr rd an' aprvd. ; lbr. ws thn suspnd i th thd rnk. an'. a Fc.s ⌂ opd i d'e. frm. E. P. Hirm bng i watg., ws. dl prpd., brt. fwrd., an'. psd. t' th. rnk o' Fc. ; th ⌂ ws. thn clsd i th Fcs rnk an'. lbr rsumd in th thd. whn., thr bng no fthr. bsns., th. ▨ ws clsd i d'e. an' anc frm.

Wr. Thsc a'e. th. mnts. o'. ou'. ls cmntn. wh. wr. rd an' aprvd., an' a'e. nw. rd. fo' yr. infmatn.; ds. an–y Br knw o' any Br. o' ths ▨ or an–y othr. i skns o'r dsts.

Wr. Hv. u. anythg t'. rpt i th. S., Br. Jw 7w. Nthg. i th S., Wfl.

Wr. Anythg. i th. W.

Sw. Nthg. i th. W., Wfl.

Wr. Ds. an–y on' knw. o' an–y bd sk or i dstrs. i or abt th. bd o' ths ▨; if nt I acly. d.clr. ths. bsns. clsd.

Wr. Br. Sc., hv. u an'y prpstns.

Sc. Nn.

Wr. An–y unfnshd. bsns.

Sc. Nn.

Wr. An' cmmts. t' rpt. on prevs. prpsls fo' mmbshp.

Sc. Nn.

Wr. Br. 5d., asctn. fm. th. T. if thr a'e. an'y cndts. i watg.; i'f s'o, thei' nms. an' fo' wt. rnk.

5d. Ther'. i. on' Mr. J. H. i watg. fo'. th. thd. rnk.

Wr. Brn., I'm infmd. tht. th're i. i watg. fo. th. thd. rnk. Mr. J. H., wh. hs. bn. rgly. initd. an E. P., svd. a prpr. tme. as sh., psd. t. th. rnk. o' Fc. an' nw. wshs. t'. rcv. fthr. lt. i Esnsm b'. bng. rsd. t'. th. sublm. rnk o' M. Esn. I–f th're a'e. n–o objns., I wl. prcd. t. cnfr. th. sm. upn. hm. Thr bng. no objns. I wl. s–o prcd.

Wr. Brs. S. an' J. M. C.

Sm–c. Wr.

Wr. Hw. shd. a cndt. b. prpd. t'. rcv. th. thd. rnk. i Esnsm.

M–c. B'. bng. dvst. o'. al. mtc. sbs., nthr. nd. nr. cltd., b.ft. nr. shd., bth kns. an' bs. br., hwkd. an' a c'to. thr. tms. ab. hs. bd'.

Wr. u. wl. rpr. t'. th. prpratn. roo., whr. I undstn. thr i. i watg. fo' th. thd. rnk. Mr. J. H. an'. whn. u. hv hm. thu'. prpd., mk. th. usl. al'm.

(Whn. cndt. i. prpd. al'm. i' gvn.)

Gd. Wr., thr i' an al'm. a'. th. inr. dr.

Wr. u. wl. atn. t. th. al'm. an' asctn. th. cs. thrf.

Sd. Wh. cms. hr.

M–c. Br. II., wh. hs. bn. rgly initd. E. P., svd. a prpr. tm. as sh., psd. t' th. rnk. o' Fc., an' nw. wshs. t'. rcv. fthr lt i. Esnsm. b'. bng. rsd. t' th. sblm. rnk. o' M. Esn.

6d. Br. II., i' ths. an ac. o' yr. o'n fr. wl. an' acd.

Cndt. I't i'.

Sd. Br. M–c., i'. h'. wthy. an' wl. qulfd.

M–c. Il'. i'.

6d. Dl. an' trl. prpd.

M–c. Il'. i'.

6d. Hs. h' md. sutbl. prfcncy. i th. prcdg. rnk. t' enttl. hm. t' ths.

M–c. H'. hs.

6d. B'. wt. fthr. rt. or bnf ds. h'. xpc. t' obt. ths. impt. prvlg.

M–c. B'. th. bnft. o' th. ps. wd.

Sd. Hs. h' th. ps. wd.

M–c. H'. hs. nt., I hv. i't fo' hm.

6d. Advc. an'. gv. i't.

Mc. advs. an' comcts. th. ps. wd.

Sd. Th. ps. wd. i' rt. Snc. th. cnd t. i' i pscsn. o' a'l thse. ncsry. qulfctns., u. wl. wt. untl. th. Wr. i'. infmd. o' yr. rqs. an' hs. ans. rtnd.

6d. Wr., thr. i' wth't Br. H., wh'. hs. bn rgly. ini'd E. P., svd. a p'pr. tm. as s'h., psd. t' th. rnk. o' Fc., an' nw. wshs. t' rcv. frthr. lt. in Esnsm b' bng. rsd. t'. th. sublm. rnk. o'. M. Esen.

Wr. I' ths. an ac. o'. hs. o'n. fr' wl. an' acd.

6d. It i'.

Wr. I'. h'. wthy. an' wl. qlfd.

6d. H. i'.

Wr. Dl an' trl prpd.

6d. II' i'.

Wr. Hs. h' md. sntbl. prfnc. i th. prcdg. rnk t' entl. hm. t' ths.

6d. Il' hs.

Wr. B' wt. fthr. rt. or bnft. ds. h'. xpct. t' obt. ths. impt. prvlg.

Sd. B' th. bnft. o' th. ps.wd.

Wr. Hs. h'. th. ps.wd.

Sd. H' hs. nt., I hv. it fo' hm.

Wr. Gv. i't fo' th. bnft. o' th. cft.

(Sd. gvs. ps.wd. o'. M. E.)

Wr. Th. ps.wd. i'. rt. Snc. th. cndt. i'. i. psn. o'. al' thse nesry qlfctns, le' hm. ent. ths. Wfl. ⚠ o.' m. Esns. an'. b. rcd. i d'e. an' anct. f'rm.

(Th. 6d. stps. t' th. al., tks. th. cps. an'. rprs. t' th. dr., ops. i't an.' s'ys.) :—

Sd. Le'. hm. ent. ths. Wfl. 🛆 o.' m. Esns an. b. rcd i d'c. an'. anc. f'rm. (th. Cnd.t. advns. fllwd. b' M–c.s wth. rds., whn. th. Sd. stps. thm i frnt. o' Sw.)

6d. Br. II, on yr. fs. ntrnc. int'. a 🛆 of o.' F. an' acd Esns u. wr. rcd on th. p't o' a shp. instm. pc. yr. nd. lf. bs. ; on ent'g th scn. tm. u. wr rcd. on th. 'ngl. o', a. sq. apld t'. yr nd rt bs., th. mrl. o' wh. ws. a'. tht. tm. xplnd. t' u. I nw. rcv. u., on bth. p'ts. o' th. cps. xtndg. fm. yr. nd. lf. t'. yr nd. rt. bs. (h'r h'. plcs. th. instm.), wh. i' t'. th. u. tht as th. mst. vtl. prts. o' mn. a'e cntnd. wthn. th. bs., so th. mst. xclnt. tncts. o' ou' institu- tutn a'e. cntnd. btw. th. pnts. o' th cps. wh. a'e frnshp, mrlty, an' bhly lv. (thn. prcds. t'. condt. Cndt. thr. tms. arou. th. 🛆 drng. wh. tm. th. Wr. rds th. f'lwing psag o' Scrptr, wh is smtmes fllowd b' an ode) :—

Rmmbr nw thy Creatr i th d'ys o' th' y'uth, whlc th evl d'ys cm nt, n'r th yers drw nih, whn th'u shlt say, I hve no plsur i thm : whl th sn, or th. lght, or the mn, or th strs b nt drknd, nor th cl'ds rtrn aftr the ra'n: i th d'y when th keprs o' th hse shll trmbl, an' th strng mn shl bow themsls, an' th gr'ndrs ceas, bcaus th'y a'e fw; an' thse tht lk ou' o' th wndws b drknd, an' th drs shl b sh't i th str'ets; whn th sond o' th' grndng i lw, an' h' shl ris up a' th voic o' th b'rd, an' al th dauhtrs o' musc shl b brouht lw. Als whn th'y shl b afra'd o' that wh i' hi, an' f'ars shl b i th w'y, an' th almnd-tre shl flursh, an' th grs-hpprs shl b a brden, an' dsir shl fail: bcaus mn go'th t' h's lng h'me, an' th mo'rnrs go abut th strts: or evr th silv crd b loosd, or th gldn bwl b brkn or th ptchr be brkn a'. th fountn, or th whl brkn a' th cstrn. Thn shl th dst rtrn t' th eart' as i't ws; an' th sp'rt shl rtrn unt G wh gve i't.

As th. 6d. an' Cndt. ps. th. dfrnt. statns, th. ofcs. snd. thr. gvls. as flws: whn. th'y ps. th. Jw. i th. S. h'. gvs. o'e rp., 8w. o'e. rp, Wr. o'e rp. Th. scnd. tm. arou Jw. tw., Sw. tw., Wr. tw. Th. thd tm. arou th. Jw. gvs. thr. rps., Sw. thr., an' Wr. thr. Th. Wr. tms. th. rd-ng o' th. psag o' Scrptr so as t'. fnish jus as th. prtis reah th. Jw's. stat. i th. S. on th. thd. tm. arou., whn th'y hlt.

Jw. Wh' cms. h'.

6d. Br. H., wh' hs. bn. rgly. initd. E. P., svd. a prpr. tm. as sh., psd. t'. th. rnk o' Fc., an' nw. wshs. t'. rcv. frthr. lt. i' Esnsm b'. bng. rsd. t'. th. sublm. rnk. o' M. Esn.

7w. Br. H., i'. ths. an ac. o' yr. o'n. fr. w'l an' acd.

Cndt. I't i'.

Jw. Br. 6d., i'. h. wthy an' w'l. qlfd.

6d. H. i'.

7w. Dl. an' trly prpd.

Sd. H. i'.

Jw. Hs. h'. md. sutbl. prfcncy. i th. prcdg. rnk. t' entitl. hm. t'. ths.

6d. H'. hs.

Jw. B'. wt frthr. rt. or bnft. ds. h'. xpct. t'. obt ths. impt. pvlg.

Sd. B'. bnft. o'. th. ps.wd.

7w. Hs. h'. th. ps.wd.

6d. H'. hs. nt., I hv. i't fo'. hm.

Jw. Advc. an'. gv. th. ps.wd. (Sd. advncs an'. gvs. ps.wd. o' M. Esn.)

7w. Th. ps.wd. i'. rt. Snc. th. Cndt
i. i psesn. o'. a'l. ths. ncsry. qulfctns.
cndt. hm. t'. th. Sw. i. th. W fo' hs. xmnatn.
—whr th. smc ques a'e sked an' th. sm. ans.
rtrnd as a' th. Jw's. sta., whn. th. Sw. drcts.
thm. t'. ps. t'. th. Wr. i' th. E. whr. th.
sme dilgue is agn rpeted, an' in addition :—

Wr. Fm. whnc. cme. u. an'. whthr. a'e. u.
trvlg.

6d. Fm. th. W. trvlg E.

Wr. Wh d'. u. lv. th. W. an'. trvl. E.

Sd. In srh. o'. fthr. lt. i Esnsm.

Wr. Snc. th. Cndt. i' i psesn. o'. a'l. thsc.
ncsry. qulfctns. an'. i srh. o' fthr. lt. i Esnsm,
u. wl. recndt. hm. t' th Sw. i th. W. wh'
wl. tch. hm. hw. t'. aprh. th E. i d'e an anc.
f'rm. Th. Sd. thn. cndts th. Cndt. t'. th.
Sw. i th. W. an' rprts.—Br. Sw., i't. i'. th.
ord. o' th. Wr. tht, u. tch. ths cndt. hw. t'.
aprh. th. E. i d'e. an'. anc. f'rm.—th. Sw.
thn aprhs. th. Cndt. an'. fcs. hm. twrds. th.
E. an' s'ys :—Br., u. w'l. stp. o— wth yr. l.
ft. o'e f'l. stp. an' brg. th. hl. o'. yr. rt. int'.
th. hlw. o'. yr. l. ft. ; nw. stp. o— wth. yr

rt. an'. brg. th. hl. o'. yr. l. i th hlw. o'. yr. rt. ft.; nw. stp. o— wth yr. l. ft. an'. brg bth. hls. tgthr.: ths. cnstts. th. fs. thr. stps i Esnsm.

8w. Th. Cndt. i'. i ord.

Wr. Br. H., bfr prcdng. an'y frthr. i ths. rnk. i't wl. b. ncsry. fo'. u. t' tke upn. ysl. a bndg. obg. prtng. t' th. rnk. o' M. Es; bt. I, as R. o' ths 🔒, as're. u. tht. thr. i' nthg. thrn cntnd. tht. wl. cnflc. wth. yr. mrl, socl., or cvl dts. or prvlgs., b. th'y. wh't th'y m'y; wth. ths. asrnce. on my prt. a'e. u. wlng. t'. prcd?

Cndt. I 'm.

Wr. Thn advc. t'. th. scd al. o' F Esnsm, thr. knl. o'n bth yr. nd. kns., bth hns. rstg. o'n th II. B., Sq. an'. Cps.

6d. Wr., th Cndt. i'. in d'e. frm.

Wr. Br'. H., i'f u. a'e. stl. wlg. t'. tke upn ysl. ths. obg., prnc. yr. nme. i. fl. an'. rpt aft. m'e: I, J. H., o'. m'. o'n. fr wl. an' acd., in th. prsnc o'. Almt. G. an'. ths. Wfl 🔒 o'. M. E., erct t'. hm., an. ddctd t.' th. mnry o'. th. hl. Sts. J., d' hrb' an'. hrn mst smly. an sncly. prms. an' swr. tht. I wl.

kp. an'. ccl. an'. nvr. rvl. an'y o'. th. scs, b.lng t'. th rnk o'. M. E., tht. I hv. rcv., 'm. abt. t'. rcv, or m'y hrft. b. instctd i, t'. an'y psn., unls. i't shl. b. t'. a wthy. Br. M. E. or wthn th. bd'. o' a js. an. dl. cnstd. 🜚 o'. s'h., an'. nt unt. hm. or thm. untl b'. d'e trl., strc. xmnatn., o'r lwfl. Esnc infmatn. I shl. hv. fn'd hm. o'r thm. jsly. entld t'. rcv. th. sme.; fth.mr. I do prms. an'. sw. tht I wl. suprt 'th cnstn o'. th G 🜚 o' th Sta. o'. N. Y. als. al. o' th. lws. rls an'. edcts o'. th. sme. or thse o'. any othr G 🜚 fm. whs jsdcn. I m'y. hrftr hai., tgthr wth th b.lws. rls. an'. rglutns o'. ths. or any othr 🜚 o'. wh I. m'y hrftr bcm a'. mbr. s'o f'r a's th sme shl. cme. t'. m'. knlg; frthrmr I d'. prms. an. sw. tht. I wl. ans an'. ob'y. a'l. d'e. sns., an' rglr. smnss. snt. t'. m'e fm. a 🜚 o' M. E., or hndd. m'e b'. a Br. o'. ths. rnk., i'f wthn. th. lnth of m'. c.to; frthmr. I d'. prms. an'. sw. tht I wl. hp., ai., an'. asst. a'l. pr. an'. dsts. M. Es., thei'. wds. an'. orphs., th'y aplyng. t'. m–e as s'h., I fndg. thm wrthy. an'. cn. d' s'o wtht matrl injry t' msl. o'r fmly.; fthmr I d'. prms. an'. sw. tht. I wl. kp. th. scs o'. a wthy. Br. M. E. whn. cmnctd. t' m'e as s'h. a's sfe. an'. invilbl. i m'. brs. as th'y. w're. i' h's. o'n, b.fr comnctd. ; frthmr. I d'. prms. an' sw. tht. I wl. nt. gv. th. grn hail'g sn o'. dsts o'. M. E., xcp fo'. th. bnft o'. th. cft. whle. a'. wk. or th. insten. o'. a Br, unls. I 'm. i .re'l. dsts., an'. shd I s'e. tht. sn. gvn., o'r hea'. th. wds. acmpg. th. sm., I wl. hstn. t' th. rlf. o' th. prsn. s'o gviig i't; fthmr. I d'. prms an' sw. tht. I wl. nt. gv. th. subst't. fo'. th. ms. wd. i an'y othr. w'y. o'r mnr. thn. tht. i wh. i. shl. rcv i't ; wh. wl. b. o'n th. fv. pts. o'. flwsp. an'. a'. lw. brh. ; fthmr. I d' prms an' swr. tht. I wl. nt. wrng. cht. or d.frd m. m. ⚒ nr. a br. o' ths. rnk t'. th. vlu. o.' anythng. kngly. msl., or sfr. i't. t'. b. dn. b.' anthr i'f i' m'. pwr t'. prvnt.; fthmr. I d'. prms an. sw. tht. I wl. nt. vlte. th. chst. o'. a M. E's wf., wd, mthr., sst., o'r dtr., o'r sfr. th. sm t'. b. dn. b'. anthr. i'f i m' pwr. t'. prvnt i't ; fthmr. I d'. prms. an'. sw. tht. I wl. nt. b. prsn. a'. th. initg., psng., or rsg., o'. an' ol'. mn. in dtge., a yng mn. und. ag'., an irlgs. lbrtn., an. athst.

a prsn o'. unsnd innd., a cunc., or a wm.; I knwg. thm. to' b. sh.; fthmr. I d' prms an' sw. tht. I wl. nt. b. prsn. a'. th. initg. psng., or rsg. o'. a cndt. clndstly, nr. hld Esnic intcs. wth. a clndstn. Esn., o'r wth. on' wh' hs. bn. suspnd. or xpld., I knwg. hm. t'. b. s'h., untl dl. r'st'red.; T'. a'l o'. wh. I mst. smly. an'. sncly. prms. an'. swr. wtht. an'y hsttn., mntl rsvatn., or sc. evsn o'. mnd. i m'e wtvr., bndg. msl. un' no ls. a pnlt. thn. tht. o'. hvg. m. bd. svd i twn., m'. bwls. ta'en. thnc. an'. bnd. t'. a'hes, th. a'hes. thrf. sctd t. th. f'r. wns o'. hvn, tht. th're mt. rmn nthr. trk., trc, nr. rmbnc. amg. mn o'r Esns. o'. so vl. an'. pjd a wrh a's I shd. b., shd. I evr knwgly. o'r wlfly. vlte. ths. m'. slm. obg. o'. M. E. S'o hp. m'e G. an' mke m-e stdfs. t' kp an'. prfm th. sm.

Wr. M'. Br., i tstmny o'. yr snct ks. th. H. B. o'n wh. yr. hns. rs. Br. Sd., rmv. th. c'to; w-e nw. hld. th. Br. b'. a trpl t'e. M' Br., i yr. prsn. stuatn. wht. d'. u. ms d.sr.

Cand.t. Frthr lt i Esnsm.

Wr. Le'. th Br. b. brt. t'. lt. (Wr. aprhs th al an' s'ys.):—

Wr. M'. Br., on bng. brt t'. lt i ths rnk, u. bhld. th. thr gr. lts o' Esnsm as i th. predg. rnks., wth. ths. dfnc. bth. pts o'. th. cps. a'e elevt. abv. th sq., wh i.' t'. tch. u. tht u. hv rcd an'. a'e enttld t' rcv a'l th lt. tht. cn. b. cnfrd upn. u. i a M. E.

6d. Obs. th. Wr. aprhng. u. fm. th. E. upn. th. stp. un. th. dg an'. sn o'. Ep., upn th stp und th. dg an'. sn. o'. Fc., upn th stp. und th dg. an' sn o'. M. E.

Wr. M'. Br., a M. E. advcs thu'., bng.g. th. hl. o'. th. r ft. t'. th. hl. o'. l. Ths. i'. th dg. (gvs it), an'. al'ds. t'. th. psitn. i wh. yr. hns. wr. plcd whl takg upn ysl. th. sm. obg.; an'. ths. th. sn. (gvs. it), an'. al'ds. t' th. pnlt. o'. tht. obg. Ths. dg. an' sn'. a'e alws. t' b. gvn. t'. th Wr. on entg. an' rtrg. fm a o'. M. E. On entg. ths. or an-y othr u wl. advc t'. th al. an'. obs. th. psitn, o'. th cps.: i'f bth pts. a'e b.nh. th. sq., u. wl. salu. wth. th. dg. an'. sn. o'. E. P.; i'f on'. pt i'. abvc. th. sq., u. wl. salu. wth. th. dg an'. sn. o'. Fc.; i'f bth. pts. a'e abv. th. Sq., u. wl. salu. wth. h. dg. an'. sn. o'. M. E. I nw. prsnt. u m' rt. hn. i tkn. o.' a cntnunc o.' frnshp an'. bthly lv. an'. wl. prcd. t'. invs. u. wth. th. ps. gp an'. ps.wd ; bt. as u. a'e uninstcd. h'. wh hs. hhrto ans fo'. u. wl. d'. so. a'. ths tm.

Wr. Br. 6d., wl. u. b. o'. or fm.

6d. Fm.

Wr. Fm. w.t. an'. t'. w.t.

6d. Fm. th. rl. gp. o'. a Fc. t'. th. ps. gp. o'. a M. E.

Wr. P's.

Wr. Wt. i' tht.

6d. Th. pss gp. o' a M. E.

Wr. Hs. i't a nm.

6d. It hs.

Wr. Wl. u gv. i't m'.

6d. I d'd nt. so rcv. i't, nthr. wl. I s'o impt. i't.

Wr. Hw. wl. u dsps. o' i't.

6d. I wl. lt. i't or sb. i't wth u.

Wr. Slb. i't an' bgn.

6d. N'o, u. bgn.

Wr. Bgn. u.

(For word see .)

Wr. (t' Candt.) u. wl. ari'. an' salu'. th J. an' Sw., an' stsfy thm. tht. u. a'e i psesn.

o' th. stp., dg., sn., ps. gp. an' ps wd. (Aft. wh. th. cond. lds. Cndt. t' th. Jw.'s. sta. i th. S., an' gvs. thr. rps. o'n th. flr. wth. hs. rd., th. Jw. rspndg. b' on' rp. wth. hs. gvl.)

7w. Wh. cms. hr.

Sd. Br. II., a wthy br. M. Essenc.

7w. Hw. shl. I knw. hm. t' b. sh.

6d. B' crtn. sns. an' a tkn.

7w. Wt. a'e. sns?

Sd. Rt ngls., hz'ls, an'. ppdcls.

Jw. Advc. a sn. (dg. o'. M. E. i' gvn).

7w. Hs tht an al'sn.

6d. I't hs. : t'. th. psitn in wh. m'. hns. wr plcd. whl. tkng. upn. msl. th. sm. obg.

Jw. Hv. u. a fthr sn.

Sd. I hv (gvs sn o'. M. E.)

7w. Hs. tht an al'sn.

6d. It hs. : t'. th. pnlt. o'. tht obg.

Jw. Wht i' a. tkn.

Sd. A crtn. frnly. or bthly gp. whby. on' Esn. m'y. knw. anthr. in th. dk. as i. th. lt.

7w. Advc. an'. gv. m'e a tkn. (ps. gp. o'. M. E. i'. gvn.)

Jw. Wt. i'. tht.

6d. Th. ps. gp o'. a M. E.

7w. Hs. i't a nme.
Sd. I't hs.
Jw. Wl. u gv i't t'. me.
6d. I d'd. nt so rcv. it, nthr wl. I s'o. impt i't.
7w. Hw. wl. u dsps o'. it.
6d. Lt. i' or slbl. i't wth. u.
Jw. Slb. i't an'. bg.
6d. N'o, u. bg.
7w. Bg. u. (now see 🏔.)
Jw. Th. wd. i' rght. ; I am stsfd. ; cndt. hm. W. Th'y thn ps. on to th. Sw's sta. i th. W. whr. th. sm. qstns. a'e 'skd. an' ans. rtnd. as a' th. Jw's sta. Th. Sw. thn. prmts. thm. t' ps. on t' th. Wr.'s sta. i' th. E. As th'y app'ch th. Wr.'s sta. h' s'ys:—

Wr. Br. Sd., u wl recndt. th. Br. t' th. Sw. i' th. W. wh'. w'l te'h hm hw. t'. wea. hs ap. as a M. Esne. Th. Sd. thn trns. t' th. Sw. i' th. W. an' s'ys,—Br. Sw., i't i'. th. ord. o' th. Wr. tht. u. tch ths Br. hw. t'. wea. hs. ap. as a M Esn. Th. Sw. aprhs. th. Cndt. an' trns th cr dn. an' s'ys. :—M. Esns wea. thei. aps. wth th. flp t'nd dn. an'. so'. u. w'l cn'tnu.

to wea. yrs. Th. Sd. nw. cndts th. Candt. bck. t' th. Wr. i' th E.

Wr. Bro. Hm., as u a'e clthd as a M. E. I nw. prsnt. u wth. th. wkg. tls. o' a M. Esen—(th. R. hs. a sml Trl. tht. h' shs t' Cndt. whn. h' gvs. hm. th. fllwng. explntn.) Th. wkg. tls. o' a M. Essn a'e a'l o' th. impmts o' Essnsm indiscrmntly., bt. m'r. espcly. th. Trl. Th. trl. i' an instmt. md. u'e o' b' Opt. Esns t' spr. th. cmnt. wh un'ts. a bldg. int. one comn. mss., bt w'e as F an' Ac. Esns a'e tght. t' mke u'e o' i't fo'. th. mr nobl. an' glor's prps. o' sprdg th. cmnt. o' bthly lv an' afctn. Tht. cmnt wh. un't's. us int. one sac'd bnd. or s'city o' frnds an' brths. amng. whm. no cntntn. shd. evr xist., bt instd tht nobl emulatn o'f wh' bst cn wk an' bst agre'.

Wr. Br. Sd., u w'l nw. recndt. th. Cndt. t'. th. plc. f'm. whnc. h. cm. an' renvs hm. wth. tht. h'. hs. bn. dvs. o', and i d'e tme. retn. hm. t' th. ⟦⟧ fo'. frthr. instctn. (th Sd. thn. cndts. Cnd't. t'. th. al'. an' gvs. th d'g an' sn o' a M. Esn an'. wth M—cs. rtrs t'. th. prpr rm.*   Whn. th. Cnd't. i' drsd.

---
* See Appendix III.

M–c. gvs. al'm. a't th. inr. dr. wh i'. ans an' op'd b' th. Sd.)

Sd. M'. Br., i yr. fthr. prgrs. i ths. rnk. i't w'l b. ncsry. fo' u. t'. rprsnt. ou'. anc. opt. G. M. H. Ab, a wd's so, wh'. fo'. hs. intgrty an' fdlity ws emnntly dstigushed an' whs. nm. i' hld. i' hgh vneratn b'. th. cft. I't ws. fo'. ths. reason u. wr invs. wth. ths. jl. as th. approprit bdg. or. 'mblm o' hs. offc. u. w'l thrfr. prcv. tht. u. a'e nt. yt. fuly invs. wth. a'l th. scs. o' a M. Esn, nor d' I knw. tht. u. evr. w'l b.; fo'. lk. hm. u. w'l hv. t'. gv. us a stsfctry. prf. tht u. mrit. th. cnfdnc. alrdy. repsd. i u. I. doig ths. yr. pth. m'y b. b.st. wth dngs. an' dfclts., evn. yr. lf. itsl. m'y b. thtnd. u. w'l thrfr. sumn. t'. yr. ai. al. o' yr. fort'ude., tht. trly Esnc crdnal vrtu, t'. enab. u. t'. end're. th. tri'ls. nw. bfr. u. Humn lfe, m' Br., i' a cnstnt sc'ne o' trils—an' w'e we'k, frai' mrtls a'e tauht t'. plc ou' dpndnc upn th. Suprm Arctc. fo' suprt, prtctn, an' dlivrnc. A' yr. initn. u. wre tght tht bfr. entrng upn an'y grt. or imprtnt undr-

takg u. shd. alwys invke th. ai' o' Dei.,
thn. u. hd a fthfl. frn t'. pr'y. fo' u. Nw.
u. mst. pr'y fo' yrslf. u. w'l agn. sfr.
ysl. t'. b. hwkd an' repai. t'. th. sac'd
Al. o' F. Esnsm, an' thr. pr'y or'ly or
mntly. as u. chs an' whn. u. hv. cncld
yr. dvtions s'y amn., audbly; thn ari'. an'
prcd. i th' fthr. crmns. o' ths. rnk.

Th. Cndt. i' thn. hwkd.—thn. knls. a'
th. al. an' pr'ys. Whn. h' hs. sai' amn. an'
th. ⚒ hs. bn. drknd., th Cond tks hm. b'. th'
rt 'rm. an'. asst. hm t'. ari'. Whn th'y prcd.,
an' as th'y aprh. th Jw's sta. i th. S., h'.
(as Ja., fs. Rf.) stps slntly o't fm hs. sea'
an'. cnfrnts. th. Cndt, clchg. hm b'. th.
cllr. i a rgh. mnr., a' th. sme tm. xclmg.,
G. M H A., I'm. gld t'. mt u. ths al'ne; ths i'.
an oprtnty I hv lng. sght.: u. prmsd tht.
whn th. T. shd. b. cmpltd t'. gv us th.
sc wd o'. M. E., t'. enab us t'. obt. ins
wgs. whl trvlg i frn cntrs. Bhld.! th.
T. i'. nw abt cmpltd, an'. I d.mnd th.
sc. wd o'. M. E.

Sd. Ths. i'. nthr. tm. n'r. plc t'. gv th.
sc. wd. o'. M. E.; wai'. untl. th. T. i'

cmpltd.; thn, i'f fnd. wthy, u. wl. rcv i't, othrwse u. cnnt.

Ja. Cnnt.—tlk. nt t' me o'. tme. or plc, bt gv m–e th. sct wd. o'. M. E.

Sd. I wl. nt.

Ja. Wl. nt.—gv m'e th sc wd o'. M. E. ths. inst o'r I. wl. tk. yr. lf.

Sd. I shl. nt.

Ja. Thn. d–.

Sd. thn cndts Cndt. t'. th. W. whr th'y a'e. mt. b'. Sw. [as Jlo, scnd Rf] wh'. stps o't an'. cnfrns. hm an'. s'ys:

G M II. A., gv m'e th. sc. wd. o'. a M. E.

Sd. I cnnt. gv i't.

Jlo. Cnnt gv. i't—gv m'e th. sc. wd. o'. M. E.

Sd. I wl. nt.

Jlo. Wl. nt.!—gv m'e th. sc wd. o'. M. E. ths. inst., o'r I wl. tk yr lf.

Sd. I shl. nt.

Jlo. Thn d–.

(Th'y thn ps. on t'. th E. whr. th'y a'e. mt b'. th. thd Rf., Jm—usly th. Wr.)

Jm. G M. H A., gv. m'e th. sc wd. o'. M. E.

Sd. I cnnt. gv i't.

Jm. Cnnt gv i't!—I hrd. u. cvlg wth Ja a' th. S. gt, an'. Jlo. a' th W. gt.; fm. thm u. hv. cscpd., fm m'e u cnnt,—gv m'e th. sc wd. o'. M. E.

Sd. I wl. nt.

Jm. Wl. nt.—I hld i m' hn an instt o'. dh. Gv m'e th. sc wd. o'. M. E. ths inst, o'r. wl tk. yr. lf.

Sd. M'. lf. u m'y tk., m'. intgty nvr.

Jm. Thn. d–. (whn Jla. xclms, Al's! wt hv w'e dn.!)

Jlo. Sln ou'. G. M. H A., an'. nt. obt. th. sc. wd. o'. M. E.

Jm. D' nt. stn. hr cvlg abt th. sc. wd o'. M. E., bt. le'. us tk. up th. bd. an'. b'ry. i't i th. rbs, an'. mt. a'. lw. twl. fo' consltn.

Ja. & Jlo.—Agrd.

(Th'y. tke up th. bd. an'. ca. i't t'. th. mdl. o'. th. roo. an'. thr. d.pst i't; aft. a mom'ts silnc. th. hou'. o'. twl. i'. strk. o'n a gng. o'r bl. whn. th'y. mt. a'. th bd.)

Jm. I'. tht u Ja.   Ys.

I'. tht. u Jlo.   Ys.

I nw prps. tht. w-e tk up th. bd. an' ca. i't t'. th. brw. o'. a hl. whr. I hv a gr alrdy. du'. fo' i't.

Ja. & Jlo. Agrd.

(Th'y. thn. tk up th. bd. an'. ca. i't i' a wstly drctn. an'. l'y i't dn. i' frn. o'. th. Sw i' th W.)

Jm. I nw. prps. tht. w-e. plc. ths. sp-g. o'. aca. a'. th. hd o'. th. gr. shd. futr ocsn. reqr us t'. fnd. itt.

Ja. & Jlo. Agrd.

Jm. Nw le'. us mk ou'. escp fm'. th. rlm.

(Th'y thn. rtr. fm. th. bd. i' dfnt drctns.)

A mnt's. slnc. nw. ensu's, whn th. Brn a'l cmnc. creatg. cnfsn. an'. a'e cld. t'. ord. b'. th. Wr. (wh'. is nw. stld. Mst E. K. S.), wh'. adrss. th. Sw. (wh'. is nw. stld. Br. H. K. o' Ty.) thu' :—

Ks. Br. H. K. o' Ty, wht. i'. th. cse o'. a'l. ths. cnfsn., an'. wh a'e. nt. th. cft a' th'r lbr. as usl.

H. o' Ty. M. E. K S., th're a'e no dsns

upn th. ts.bd, whby th. cft. cn. prsu th'r lbr.; an'. O. G M. H A. i'. msg.

K. S. Ou'. O. G M H A. msg. Ths. i'. strng! h'. ws evr punctl in th. prfmnc o' hs duts.—I fr. sm acdt. hs. b.fln. hm. Cse. strc. srh. t'. b. mde in an'. abt. th. svrl. aprtmts o'. th. T. an'. s–e. if h'. cnnt. b. fnd.

H. o' Ty. Cftmn. asmbl.; mk. strc srh i' an'. abt. th. svrl. aprtmts o'. th T. an'. s–e. i'f ou'. O. G. M H A. cnnt. b. fnd.

(F'r. cftmn. thn. trvl. arou. Cndt. an'. 'sk. o'. ea. oth. th fllng. qs.)

Fs. Cfsm. Hv. u. s–n ou'. O. G M H A.

Scn. Cfsm. Nt snc. hgh twl. ysdy. Hv. u. s–n. ou'. O. G M H A.

Thd Cfsm. Nt. snc. hgh twl ysdy. Hv. u. s–n ou. O. G M H A.

Frth Cfsm. Nt. snc. hgh twl ysdy.

Fs. Cfsm. Br. H. o' Ty., strc. srh. hs. bn. md. i' an'. abt. th. svl. aptmts o'. th. T. an'. ou'. O. G M. H A. cnnt b. fnd.; h'. hs. nt bn. s–n. snc. hgh. twl. ysdy.

H. K. o' Ty. Mst E. K. S., strc srh. hs. bn. md, an'. ou'. O. G. M H A. cnnt. b.

fnd.; h' hs. nt. bn. s–n. snc. hgh. twl. ysdy (An al'm. i'. nw. hrd. a' th inr dr.)

H. o' Ty. Mst E. K S., th're i'. an al'm.

K. S. Atn t' th a'lm., an' asctn th cs. thrf.

H. o' Ty.—Twl. Fc. s–k an audc wth K. S., an'. s'y tht. th'y hv. an impt cmcatn.

K. S. Admt thm.

Th. twl. Fc. a'e. nw admtd., an'. prcd. t'. th. E., whr. th'y knl. b.f'r K. S., an'. on' o'. thm. s'ys, Mst E. K. S., w–e twl., wth. thr. oths., ent. int a cnsprcy. t'. xtrt. fm ou' O. G M. H A. th. sct wd. o'. M. E., o'r tk. hs. lf.; bt. w–e, rflctn o'n. th. enrmty o'. th. crm, hv. rcntd, an'. nw. appr b.f'r. u., clthd i wht glvs an'. aps., an'. hmbly crv. yr. prdn. W–e. fr., hwvr., tht. th. oth. thr. hv. bn. so. b'se. a's. t'. ca. ou' thei' mdrs. d.sn.

K. S. Ari', rpr. t' yr lbrs.; yr. prdn. shl. d.pn. upn. yr. futr cndc.

K. S. Br. H. K. o' Ty., u wl cse. th. rl. o'. th. svrl. bns. o'. w.km. t' b. cld., an. 'sc. wh'. if any a'e msg.

H. o' Ty. Br. G Sc., u wl. cl. th. rl. o'. th.

svrl. bns. o'. wkm., an'. s-e. wh'. i'f an'y a'e msg.

Sc. thn preds t'. cl. th. rl o'. th svrl. bns. o' wkm., an'. fnds. tht. thr. a'e msg., an' rpts t'. H. o' Ty. thu'.:—

G. Sc. Br. H. K. o' Ty., th. rl. o'. th svrl. bns. o.' wkmn. hs. bn. cld., an'. I fnd. thr. a'e. msg., nml.: Ja, Jlo, an'. Jm., brs. an' mn o'. Ty.

H. o' Ty.—Mst E. K. S., th. rls o'. th. svrl. bns. o'. wkmn. hv. bn. cld., an'. thr. a'e msg., nmly: Ja., Jlo., an'. Jm., brs. an' mn o'. Ty.

K. S. Br. H. o' Ty., twl Fcs. aprd b.f'r. m'e ths mrng., an' knlt an'. cnfsd. tht. th'y twl., wth. thr. oth's, hd. entd iut. a cnsprcy t' xtrt. fm. ou'. O. G. M. th. sc. wd. o'. M. E., or tk hs. lf.; th'y. frd, hwevr., tht. th. oth. thr. hd bn. so. b'se as t'. ca. ou' thei'. mrds d.sns. U wl. selc. fm th. dfrnt bns o'. wkm! thse. twl an'. divd. thm int'. prtis. o'. thr. eah., wth. instcns t' trvl. N., S., E., an' W., i srh o'. th. absnt's.

H. o' Ty.—Cfsm., assmb.; u twl. wh'.

apprd. b.fr K. S. an'. knlt. an'. cnfsd., wl.
divd. ysls. int'. prtis o' thr. eah., an'. trvl.
N., S., E., an' W., i srh. o' th. absnt's—
(th'y. thn. divd an'. prcd t'. trvl).

Fs Prty. Le'. us trvl a N. crs.

Scn Prty. Le'. us trvl a S. crs.

Thd Prty. Le'. us trvl an E. crs.

Frth Prty. Le'. us trvl a W. crs.

Th prty wh': prsud th. W. crs., nw mcc'.
a s'a. f. mn., whn thei'. leadr. s'ys.
Brn., h're apprs t'. b. a s'a. f. mn.; le'.
us 'sk. hm. if h'. hs. s–n an'y strngs. ps.
ths. w'y, t' wh. th'y. agr–.

Cfmn. Hai'., strngr., hv. u. s–n an'y
strngs. ps. ths. w'y.

S.f. Mn. I dd; thr., ystrd'y.

Cfmn. Cn. u. d.scrbe thm.

S.f. Mn. Fm thei'. str'ng f'mily rsmblnc.
th'y mst. hv. bn. brs., an' fm. thei' b.ng.
clthd. i wht. glvs an' aps., m'st. hv bn.
wkm fm th. T. Th'y w're endvng t' obt
a pssge int'. Eth'op'a, bt. upn. b.ng infmd
tht. K. S. hd isud. an edct. alwng n'ne t'.
lv. th. rlm. wtht. hs. ps., an'. th'y nt. hvg. tht.
ps, fa'ld t'. obt psg. an' rtrd int'. th. interr o'
th. cntry.

Cfmn. Ths no dt. wr. th. Rf's; le'. us go up an'. rpt.—

Agrd (on arrving at th. E.).

Cfmn. Mst. E. K. S., w-e. thr wh'. prsd. a W. crs., on arrvg. nea'. th. coas'. o'. Jpa. fl. i wth. a s.f. mn., o' whm. w-e. inqrd if h'. h'd. s-n. any strngs. ps. tht. w'y. Il'. rpl-d. tht. h'. h'd. s-n. thr. th. d'y. b.fr., wh' fm. thei'. str'ng f'mily rsmblnc., m'st. hv. bn. brs., an'., fm. thei'. b.ng. clthd in wht. glvs. an'. aps., m'st hv. bn. wkmn. fm. th. T. Th'y wr endvrg. t'. obtn. a psg. int'. Eth'op, bt. upn, b.ng. infmd. tht K. S. h-d. isud. an edc. alwg. nne. t'. lv. th. rlm. wtht. hs. ps., th'y nt. hvng. th. ps., fa'ld. t'. obt. psg., an' rtir'd int'. th. inter. o'. th. cntry.

K. S. Ths., n'o dt., wre th. Rf's., bt. ths. i'. nt. satsfcty. Divd. ysls. as b.fr, an'. trvl. as b.fr, wth. th. pstv. asurnc, tht. i'f u. d'. nt. sccd. i fndg. th. Rf's., u. ysls. wl. b. d'mnd. th mrds., an'. sfr. ac'ly.

Cfmn. Le'. u'. agn. prsu. a W. crs.— Th'y prsu. a W. crs. untl. th'y ariv. a'. th. plc. whr th. Cnd.t. l-s, whn. on' o'. thm. sto's. an'. s'ts. d'n., s'yng, Cmpnns., I 'm we'ry; le'. u–s. s't. dn. on th. brw. o'. ths. hl. t' rst. an'. rfsh. ou'sls.

Scn. Cfmn. No, cm o'n, w–e. hv. a'n imptnt. d'ty. t'. pfrm.

Fs. Cfmn. Hai'., compnns., o'n atmptg. t'. ari' I acdtly. cght. hld. o'. ths. spg. o' aca., wh. s' easly. gv. w'y. tht. it xcits. m'. suspens. (V'cs. a'e. nw. hrd. issu'ng. fm. th. adjct. rks., th. fst. o'. wh. xclms. :) "O, tht. m'. th't hd. bn. cu. acs., m'. tng. tn. o–t. an'. brd. i th. sns. o'. th. s'a. a' lw. wt. mk., wh're. th. td. 'bs. an'. flws. twc. i twnt.-f'r. hrs., er'. I hd. bn. accsry. t'. th. mrd. o'. ou' G M. II A."

Cfmn. Tht. i'. th. vc. o' Ja.

Scn. Vc. O, tht. m'. lf. bs. hd. bn. tn. op., m'. ha. an' lun's. ta'en thnc. t' th. vly. o'. Jhspht., an'. thr lf. a pr'y t' th. vlts. o'. th. a'r, er'. I hd. bn. acsry. t'. th. mrd. o'. ou'. G M. H A.

Cfmn.—Tht. i'. th. vc o' Jlo.

Thd. Vc. O, tht. m'. bd. hd. bn. svd. i twn., m'. bwls. ta'n. thnc. an' bnd. t' a'hes., th. a'hes. thrf. sctd. t' th. fou'. wns. o' hv., tht. thr mt. nt. rmai' amg. mn. o'r

Esns. trk., trc., o'r rmbrnc. o' so vle. an'. prj. a wrh. a's I, wh'. hv. sln. ou'. G M. H A.

Cfmn. Tht. i'. th. vc o' Jm. L'e. u-s rsh. i, sz., bnd., an'. bea'. thm. bfr K. S. (Th'y tk. thm. b.fr K S. an'. rept.)

Cfmn. M E. K S., w-e. thr. wh'. prcd. a W. crs., on arvg. a' th. brw. o'. a hl., I. felg. we'y, s't. dn. t' rst. an'. rfsh. msl. On atmtg. t' ari'., I acdtly. cght. hld. o'. a spg. o'. aca., wh. s'o esly. gv. w'y. tht. i't xctd. m' suspens. Whl. cnvrsng. upn. th. singlty. o' th evnt, w-e. dstncly. hrd. vcs. isu'ng fm. th. clfs. o' th. ajct. rks., th. fst. o'. wm. w-e. rcnizd. a's th. vc o'. Ja., xclmg.: "O, tht. m'. th't. hd. bn. cu. acs., m'. tng. tn. o't. an'. brd. i th. Sns. o'. th. s'a. a'. lw. wt. mk, wbr th td 'bs an flws. twc i twnt fr hrs. er. I hd. bn. acsry. t' th. mrd. o'. ou'. G M. H A." Th nx. w-c. rcnizd. a's th vc o' Jlo., xclmg.: "O, tht. m'. lf. bs. hd. bn. tn. op., m'. h'a'. an'. lun's tan. thnc. t' th. vly. o' Jhspht., an'. thr lf. a pr'y t' th. vlts. o'. th. a'r, er'. I hd. bn. acsry. t'. th. mrd. o' ou'. G M. H A." Th. thd. w-e recnizd. as th. vc o'

Jm., xclmg.: "O, tht. m'. bd. hd. bn. svd. i twn., m'. bwls. ta'n. thnc. an' bnd. t'. a'hes., th. a'hes thrf. sctd. t' th. fou'. wns. o' hv., tht. thr mt. rmai'. nthr. trk., trc., or rmbrnc. amg. mn. or Esns. o' so vl. an'. prj. a wrh. as I, wh'. hv. mrd. ou'. G. M. H. A" Whrpn. w–e rshd. i, szd., bnd., an'. hv. thm. b.fr. u.

Ks. Ja., u. st'd chgd. wth. bng acsry t'. th. mrd. o' ou'. O. G M. H A. Wt. s'y. u. t'. th. ch., gl. o–r nt. gl.

Ja. Gl.

Ks. Jlo., u als'. st'd. chd. wth. bng acsry. t'. th. mrd. o' ou'. O. G M H A. Wt. s'y u., gl. o'r nt. gl.

Jlo. Gl.

Ks. Jm., u st'd. chd. wth. th. mrd. o' cu'. O. G M. H. A. Wt. s'y u., gl. or nt. gl.

Jm. Gl.

Ks. Vle an' imp'us. wrhs., rflct. upn. th. enrmy o'. yr. crm., an' th. ami'bl chrctr. o'. hm. u. hv. sln. Lk. u'p an'. rcv yr. sntc, wh. i'., tht. u. b. cndtd. wth't. th. wls. o'. th. T., an'. b. thr. xctd. agrbly t' th. imprcatns. cld. dn. upn. yr. o'n hds. Bgn.

Th. Rf's. a'e nw. cndtd. o't o' th 🪓, an' th. cftsmn rtrn. an'. rpt. :—

Mst. E. K S., th. Rf's. hv. bn. xctd. acdg. t'. yr. ord.s.

Ks. u. wl. nw. divd. ysls. as b.fr., an'. trvl. as b.fr, i srh o'. th. bd. o'. O. G M H A., an' whn. fnd., mk. strc. srh. on an'. abt. i't, an'. s–e if anythg. cn. b. fnd. t' clerly idntfy i't.

Cfmn. Le'. us agn. prsu. a W. crs. t' th. brw. o'. th. hl. whr I st. dn. t'. rst. an'. rfsh. msl.

Agrd. (Th'y thn. prcd. W.)

Cfmn. Compnns., ths. aprs. t' b. th'. plc. whr I s't dwn. t'. rst. an' rfsh. msl.; i' prsnts. th. aprnc. o' a nw md gv. Le'. us rmv th'. ert.—ys, i't i' a. gv. ; an'. hr i'. a bd., bt. in a mngl. an'. putd. cndtn. Le'. u–s stn. asi'. untl. th. cflva. pss. o–. Nw le'. us rsm. th. srh. Hr, compnns., aprs. t'. b. a jl. Le'. us remv. i't an'. bea'. i't up.

Agrd. (Th'y. thn. remv. th. jl. an' bea. i't t'. K. S.)

Cfmn. Mst. E. K. S., w-c thr. wh. prsd. a W. crs. rprd t' th. brw. o'. th. hl. whr. I s't d–n t'. rst. an' rfsh. msl., whn. I dscvrd th. aprnc. o'. a n'w md. gv., an'., on rmvg. th. er., a bd., bt. i' so mngld. an'. putrd. a cndtn., tht. i't csd u–s t'. plc. ou'. hns. i' ths. p'sitn (plcg. th. hns. i' th. p'sitn o'. dg. o' M. E.) t' grd ou'. nstrls. fm. th. ofnsv. cflva., an' on resmg. th. srh. fnd. ths. jl., wh. w'e bor'. u–p fo'. yr. inspctn.

Ks. (Sot-to voce) Th're cn. no lngr. remn. a dt. as t'. th. dh. o' ou'. O. G M. H A., or as t'. th. idnty. o'. hs. bd., as ths. i'. th. jl. wh. h' wr.   Br. H. o' Ty., thr cn. no lngr. remn. a dt. a–s t' th dh. o'. ou'. O. G M. H A., o–r a–s t' th. idnty. o'. th. bd., as ths. i' th jl. wh. he wr.   Als, I fr. tht. th. ms. wd. i'. frvr. lst., fo'. a. rmmbr. tht. i't ws. agrd. betw. ysl., msl. an' H. A. tht. th. ms. wd. shd. nt. b. gvn. unls. w'e thr. wr prsn., an'. ou'. Br. H. A. i'. nw no mr. I nw. prps tht. we f'rm th cft. i' funrl. presn an'. prcd. t'. th. grv. an'. bea'. th. bd. up t'. th. T. fo'. mr d.cnt. intmnt. I als prps. tht. th. fs. sn gvn. on ou'. arivl a' th. grv. shl

b. th gn hlg sn o'. dsts and th fs. wd. spkn aft th bd shl hv bn rsd. shl. b. th. subst. fo.' tht. wh. i'. lst., untl. th. wsdm' o' futr. gnratns. sh'l. dscvr an' brng t' liht th tru on'.

II. o' Ty. Mrshal, asmb. th. cft. an'. f'rm thm. i' funrl. prcsn. on th. N. sd o'. th. 𝌅.

Th. cft. thn. f'rm i' prcsn., tw'. b. tw'., an'. prcd. t'. th. grv., sng'g th. funrl. dir'.

On arvng a' th. gv., a'l frm a crcl. arou' th. bd., K S. a' th. hea', an' H. o' Ty. a' th' f–t. K S. mks. sn. o'. dsts. o'. M. E. an' rpts. thr. tms. i' sucsn: O L. m'. G., ws. th're nne t'. hlp. th. wds. so'.

Ks. Br. H o' Ty., endvr t'. rs th. bd b' th. gp o' E. P.

H o' Ty. Mst E. K. S., ow'ng t'. th. hgh stte. o' putfctn. th bd. cnnt b. so rsd.; th. sk. sls. fm th flh.

Ks. Endvr. t'. rs. th. bd.b'. th gp o'. Fc.

H o' Ty. Fo'. th. rsn b.fr ass'nd. th. bd cnnt. b. so rsd.; th. flh clvs fm. th. bn.

Ks. thn xclmd., Br. Ho' Ty., i' ths ou' emrgnc wt. shl. we' d'.

II. o' Ty.—Le' us pr'y.—Th. Brn nw a'l knl. arou. th bd. on one kn.; Ks. (th Ms) knls a' th. hea' o' th. bd., an' tkng o' hs. ht. rpts. th. f'lwg

PR'YER.

Th'u, O G., knwst ou dwn-sttng an' ou' uprisg, an' undrstndst ou' thots afr. o-ff. Shild an' dfnd us frm th. evl intntns o' ou' enmis, an' supprt us und. th. trils an' afflctns w'e a'e dstned t'. endur, whl. travg thrugh ths. val' o' te'rs. Mn tht. i' brn. o' a wman i' o' fw d'ys an' fll' o' trble. H' cmeth frth as a flwer, an' i' ct. dwn: h' fl'eth als as a shdow, an' cntinuth nt. Seeng hs d'ys a'e dtrmnd, th. numbr o' hs months a'e with th'; th'u hst appontd hs bnds tht. h' cnnt ps; trn frm hm tht. h' m'y rst, tl h' shll accmplsh hs d'y. Fo' ther i' h'pe o' a tre, if i't be ct dwn, tht. i' wl sprou. agn, an' tht. th. tndr brnch th'rof wl nt ces. Bt mn di'th an' wasth awy; yea, mn gvth up th. ghst, an' whr i' h'. As th. wters fai' frm th. s'a, an' th. fl dcayth an' drith up, so mn lith down, an' risth nt up tl th. hevns shl b no mr. Yt, O Lrd, hv cmpsn on th. chldrn o' th' cratn, admnstr thm cmfrt i tme o' tru'bl, an' sve thm wth an evrlstng slvatn. Amn.

Rspns. S'o mt i't b.

Ks. Br. H. o' Ty., u. wl. asst m–e t' rs. th. bd. b'. th. strng gp o'. M. E. o'r li'ns pa'.—K. S. thn stps. t'. th. f–t. o' Cndt. an'. bndn o–r. tks hm b'. th r–l. gp o' M. E., plcs. hs. r. f–t. agns Cndts. r f–t., an' hs. hn. t'. hs. bk., an' wth. th astnc o'. th. Brn. rs. hm t'. a stndg. pstn., an'. whn. frly. o'n hs. fce'. gvs hm th Grn Esenc Wd. on th fv. pts o'. flwsp. (Th wd an'. mnnr o' gvg i't cn only b. lrnd i' th 🏛.) Th. fv pts. o' flwsp a'e: f–t. t f–t., kn t' kn., brs. t' brs., hn t' bk., an' mh. t' ea. Fst., f–t. t' f–t. tht u. wl. nvr hstte. t. go on f–t. an' o't. o' yr w'y t' asst an'. srv a wthy. Br.; scnd, kn t' kn. tht u. wl evr rmbr a Brs.' wlfr as wl. a–s yr o'n. i a'l o' yr adratons t' Dei; thd, brs. t'. brs. tht u. wl evr kp th scs o'. a M. Esn. as sf an'. inviolb i yr brs. as th'y wr i hs b.fr cmnctd; frth., hn. t' bk. tht u wl. evr b. rdy t' strh. frth yr hn. t' asst an' sve. a fln Br., an'. tht. u. w'l vindct hs char'ct' b.hnd hs. bk. as w'l a's b.fr. hs. fc.; f'th., mh t'. e'a. tht. u. w'l evr. cautn an'. wspr. gd. cnsel i th. ea' o' an erng. br. an' i th. mst frnly mnner rmind hm o' hs errs, an'ai hs rfrmatn, gvng hm d'e. an' tmely ntce. tht. h'. m'y w'rd o-- aprch'g dng.

* A'l o' th. Brn. nw. tk. thei'. s–'ts bt th. Wr. an'. Cndt., whn. th. Wr. cntnus.; Br H., u. w'l nw. r'pr. t'. th. E. an'. rcv. an h'strcl act. o' ths rnk. Wr. tks. hs. s--t. an'. th. Cndt. stns. b.fr hm.

SECTN 2.—HSTRCL ACCT. †

M' br. sac'd. hist. infms. us, tht it ws. dtrmnd. in th cnsels. o' infnite wsdm. tht a Tpl. shd. b. fnded a' Jrlm to b. erctd t'. G. an' ddctd t'. hs. hl. nme. Th. hgh. hnor. an' dstngshd. prvlg o'. prfmg. ths. sac'd. srvc. ws d.nd to'. Dav'd. K o'. Isrl., b.caus. th Scrptrs infm us, h'. md. grt. wrs. an'. shd. bld. abndntly, bt. we. als. lrn. fm. th. sme. sacd sourc' tht. th. G. o'. Isl prmsd. Dav'd tht out o'. hs. lns. h'. wd. rs up. Sd to srv. hm. Ths. d.vine an' mmorble. prmse. ws aftwrds. flfled. in th prsn. of S. an' in th

---

* Candt. is now instructed as to the manner of gvn. ths. gp. an'. wd.

† See Appendix.

splnd. an' unxampld carer o' hs prsprity. Aft. Davd. hd bn gath'd t'. th lnd o'. hs fathrs, an' th lst. hnrs pd. to. hs. mmry, S'. wield'd th sceptr o' Isrl. . . pce rgnd wthn. hr. brdrs. an'. th chldn o' Isl. lkd. frwrd wth peculr. satisfctn. to th dspl'y. o' tht wsdm, wch. ws. dstined to astnish an' amaz'. th. wrld. In the scnd mnth o' th frth. yr. o' hs. rgn. S. cmncd. th. erctn. o' ths. edfc. th curs. wrkmshp. o' wch ws clcultd. t' xcite th. wndr an'. admratn. o' al' sccdng. ag's. Ths. famus fabrc. ws situald on Mt. Mo. nr th plc. whr. Abrm ws abt. t'. o- up hs. sn. Isc. an' whr. Dav'd. mt. an' apsed. th. dstr'yng. ang'l. tht. ws. vsibl abve. th. thrshng flr. o' Ornan, th Jeb'site. At abt. ths. tme. K. S. rcd a cngratultry. ltr. fm H. K. o' T. ofrng hm. evry asstnce, in hs. pwr, an' mnifstng a. strng d.sre. to prtcipte in th. hnor. thn. clustrng. aron'. hs thron'. Ths. ws th. wrk prgressng. wth th asstnce. o' H. K. o' Ty. an' und th. imedt dirctn o' on' anct O. G. M. H. A., an' ws. n'gh. cmpletd. whn. sevrl o' th. cft. in an atmpt, t'. xtrt. fm ou' G. M. H. A. th sc.

wd. of M. Esn., b.cam' hs as'sns. Thu'. fo' a shrt. p'riod. ws. th. wrk impdd. in its prgrs. Thr wr tw' rmrkble evnts atndng th. erctn. o' ths mgnficnt edfce. Sac'd hist infrms us, tht. thr. ws. nt. hrd th snd o'. x. hmer or othr. mtlc. tl. on the bldng. an' Essenic tradition infrms us, tht. althgh a ltl. mor'. thn svn yrs. wr ocupd in its erctn it d.d nt rn. xcpt in th nght. tme, or whle. th cft wr fn lbr to rfshmt. Ths we regrd as a strkng prf. o'. th suprntndng. cr. o' divne provdnc. * u. hv. ths. evnng rprsntd. on' o' th grtst. mn. an'. p'rhps. th. grtst. Esn th. wrld. evr. knw., v'z., ou' G. M. H. A., wh. ws. sln. js. bfr th. compltn. o' K. S's T. IIs. d'h ws. prmdtd. b'. fftn. Fcs. wh' s'ng th. T. abt. t'. b. cmpltd., an' b.ng dsrs. o' obtng th. scs. o' a M. E., whby th'y mt. trvl. i frn. c'ntrs., wk an'. rcv. m's wgs., entd. int' a cnsprcy t' xtrt. thm fm ou' G M. II. A., or tk. hs. lf.; bt. rflctg on th. atct'y o' th. crme. twl. o' thm. rentd., th. othe'. thr. prsstd. i thei'. mrd.s d.sns. Ou'. G M H A. ws. sln. a' hgh. twl. I't ws. hs. usl. prctce a' tht. hr., whle th. cft. wr. cld. fm.

lbor t' rfshmt., t' ent. int' th. unfnshd. Snc. Snctm. o'r Hl. o' Hlis. o' th. T. an' thr're offe' up hs. ad'ratns. t' th. D.ty, an' drw. hs. d.sns on th. T'sl. bd.

Th. thr. Fcs. wh' prsstd. in thei'. mrds. d.sns., knwng. tht. t' b. hs. usl. pret'c., plcd. thmsls. a'. th. S., W., an' E. gts. o' th. inr. crts. o' th. T., an'. th'r awtd. hs. rtrn. Ou' G. M. II. A. hvng. fnshd hs. us'l devotns atmtd. t' retr. b' th. S. gt., whn. h' ws. acstd. b' Ja., wh' thre dmndd o'. hm. th. scs. o' M. Esn. or th. M.s wd., an'. on hs. b.ng rf.sd, gv. hm. a blw. wth. th. twnt.-fr. 'nch g'ge acs. hs. th't., upn. wh. h' fld. an'. atmtd. t'. pss. on a' th. W. gt., whr h'. ws. acstd. b'. Jlo., wh'. i lk. mnr. dmnd'd o' hm. th. scs. o' a M E. or th. M's wd., a'. on hs. b.ng rfsd., gv. hm. a blw. wth. th. sq. acs. hs. brs., upn. wh. h' fld. an'. atmtd. t'. mk. hs escp. on. a'. th. E. gt., whr h' ws. acstd. b'. Jm., wh'. i' lk. mnr. th'ce dmnd'd th. scs. o' a M. Esn or th. M's wd., an' on hs. lk. rfsl., gv. hm. a v'lnt blw. wth. th. sttng. man. on hs. f'hea' wh f'd hm. dea' on th. spo'. Th. Rfs. brd. th. bd'

i' th. rbh. o'. th. T., untl lw. twl., or twl.
a' nt., whn. th'y mt. b' agrmt. an'. crrid.
i't a W. crs. fm. th. T. t' th. brw. o' a
hl. W. o' Mt. Mo., whr th'y brd. i't i a
gvc. prvsly du fo' i't, a' th. hea' o' wh.
th'y plntd. a spg. o' aca., tht. th. plc. mt.
b. knwn. shd. oc.sn. cvr. r'qr., an'. thn.
md. thei'. esc. On'. G M II A. ws. fnd.
t' b. msg. on th. flwg d'y. IIs. absnc. ws.
dscvrd. b'. th're b.ng n'o dsns drn. on th.
Ts. bd. K. S., b.lvng hm. t'. b. indspsd.,
ord. strc. srh. t'. b. md. fo'. hm. thrgh. th.
svrl. aptmts. o'. th. T., tht. h'. mt. b.
fnd., if psbl. Bt. nthg. cld. b. s'en or
hrd. o'. hm. Abt. ths. tme., th. twl. Fc.,
wh'. h'd rentd. fm thei' mrds. d.sns., apprd.
b.fr. K S., clthd i' wht gls. an' aps., i'
tkn o' thei' inoc., acknlgng. thei' prcmdt.
gl., an'. knlg. implrd hs. prdn.

K S. ord.d thm. t'. ari', rpr. t'. thei' lbr.,
an' tld thm. tht. thei' prdn. wd. d.pnd
upn. thei' futr. cndct. II'. thn. ord.d th.
r'lls. o' th. svrl. bns. o'. wkmn. t'. b. cld., t'
s'e. wh' w're msg. On th. r'lls b.ng. cld.,
thr apprd. t'. b. thr. msg., nmly., Ja.,

Jlo. an'. Jm., Brs. an'. mn. o' Ty. K S.
thn. ord.d tht. th. twl. Fc. shd. b. selctd.
fm. amg. th. wkmn., an' tht. th'y shd.
dvd. thmsls. int' prtis o' thr. ea'h., an'.
trvl E. W. N. an' S. in srh o' th'.
abs'nts. Th. prty. wh' prsud a W. crs.,
on arvng. n'r th. cit o'. J'ppa, f'll i' wth. a
s'a-f. mn., o' whm. th'y enqrd. i'f h'. h'd
s'en any strngs. ps. tht. w'y. H'. rpl'd h'.
h'd se'n thr. th. d'y b.fr, wh'. fm. thci.
gnrl. aprnc. h'. suppsd t'. b. mn. o'. Ty., an'.
fm. thei' strng fmly rsmblnc. mst hv. bn.
brs., an'. fm. thei' b.ng clthd i' wht glvs an'.
aps., mst hv. bn. wkmn fm. th. T. Th'y.
wr. endvng. t'. obtn a psg. t'. Etho'. bt on.
bng infmd tht. K. S. hd issud an edc. stcly
fbdng any prsn lvng th. rlm. wtht. hs ps.
an'. th'y nt. hvg it fa'ld t'. obt psg. an'. rtrnd
int. th. cntry. Th'y thn. rtnd. t' K. S. an'.
rptd., but ths. nt. b.ng stsfctry., th'y w'r ord.
t'. agn. go i srh., an'. rtn. nt. wtht tdngs, or
th'y thmsls. wd b. dmd th. mrds., an'. suf'
acly. Th'y thn. prsud. a W. crs., an'.
on arrvg a' th. brw. o' a hl. n'r th. cit o'
J'ppa., one o'. thm., fclng wea'y, sa' d'n t'

rs an' rfsh hmsl. On atmtng t'. ari', h' acdly c'ght hld o' a sp'g o' aca. wh so esly gv. w'y as t'. 'xcit. hs. suspns. II'. thrfr h'ld. hs compnns. an'. whl cnvrsg on th. snglrty o' th. evnt., th'y hrd. v'cs. isung fm. th. clfs o'. th. ajct rks., th. fst o' wh th'y recnzcd as tht. o' Ja., xclmg., O, tht m' th't. h'd bn. cn. acs.* Th. scnd. ws. tht. o'. Jlo., xclmg., O, tht. m'. lf. brs. h'd bn tn op. ; an'. th. thd. as tht. o'. Jm., xclmg., O, tht. m' bd. h'd bn svd i tw'n. Whupn th'y rshd i, szd., bou', an' tk. thm b.fr K. S., wh' on thei' admtg thei' gl., ord.d thm t'. b. xctd agrebly t' th. svrl impcatns cld dn upn thei' o'n hea's. Th. Fcs. w're thn. ord.d t'. trvl. as b.fr i srh o'. th. bd. o'. ou'. G M H A. Th'y agn. prsud a W. crs. t' th. brw. o' th. hl. whr. th. wea'y Br. sa' dn. t'. rs. an' rfsh hmsl., an' thr dscvrd a n'w-md grv., an' on fther srh a bd., bt. i so mngld an' put'd a cndtn, tht. th'y wr cmpld t'. stn asi' untl. th. efluv. hd psd of'. On

---

* See Page 180.

rsmng. th. srh., th'y fnd. th. jl. o' hs. ofc. wh th'y tk. t' K S., wh' thn. sd. thre ws. no lngr. an'y dt. a's t' th. dh. o' H A. or as t' th idnty o' hs. bd., as tht. ws. th. Jl. wh. h' wo'. H' thn. ord.d th cft. t' frm. i funrl prcsn., an'. prcd. wth hm. t' th. gv. fo'. th prps. o' brng. th bd. up t' th T. fo'. mr. d.cnt intmt. Th'y. thn. prcdd. t' th. gv. whr K S. ordd. H. o' Ty. t endv t' rs. th. bd. b'. th gp o' E. P., bt ow'g. t' th hgh stte. o' putfctn. th'. sk. sl. fm. th. fh. an' th bd. cld. nt. b. s-o rsd. II' thn ord. hm t' endv. t'. rs. th bd b' th. gp o' Fc. bt fo'. th. resn b.fr asnd. th'. flh. clvd. fm. th. bnes. an' it cld nt. b. so rsd. K S. thn xclmd—Br. II. o' Ty., wt. shl. w'e d' i ths ou' emrgnc.

H. o' T. Le'. u' pr'y.

Aft. pr'y'r. K S. tk. th. bd. b' th. strg. gp. o' M Esn or L'ns. p', an'. rsd. i't o'n th. fv. pts. o' flwsp. wh hv. bn. alrdy. xplnd. t'. u. Th. bd ws. thn. crrid. t'. th. T. fo'. a mr. d.cnt brl an' ws. intrd. i' d'e frm. Th. bd. o' ou; G M. ws brd. thr' tms.; fs, i th. rbs. o'. th. T; scn.,

on th brw. o a hl W. o' Mt. Mo.; an' th'd.
an. lstly. as nr. th. Snc. Snctm. or Hl. ˙o'
Hls as th. Jwish lw wd prmt.; an' Esnic
trdition infms us tht thr ws ercd t'. hs.
mmry. an. Essenic mnmt. cnstng. o' a btfl.
Vrgn. w'p'ng ov. a brkn. colm. B.fr. h'r ws.
a b-k. op., i h'r rt. hn. ws. a spg. o' aca.,
i h'r. lf. an ur'. ; b.hnd. h'r. stns. tm. unfld'g
an. cntng. th. rnlts. of h'r h-r. Th. btfl.
Vrgn. wpg. ov. th. brkn. colm. dnts. th. un-
fnshd. st'te o' th. T., lkws. th. unt'ml.y d'h
o' ou'. G M II A. Th. b-k. op. b.fr. h'r tht.
hs vrtus. l'y on p'ptual rcrd. Th. spg. o' aca.
i h'r rt. hn. th. idnt. o' th. bd. Th. ur'
i h'r lf. tht hs. a'hes wr thrn. safly. d.psited.
und. th. Snc. Snctm or Ill. o' Hlis. o' K. S's
T. Tm. unfld'g th. rnlts. o' h'r h-r
d.notd. tht. tme, patnce, and prsevrnce
acmplsh al thgs.

SECTION 3.

Th. Wr. nw. gvs. an'. xplns. t'. th.
Cndt. th. svrl. sns. an. tkns. o' ths. rnk.,
thn cls. hs atntn. t' th. thr. Gran'. Essenic

Plrs., s'yng.: Ths a'e cld. th. thr. Gran'. Essnic Clms. or Pllrs., an'. a'e d.signtd Wsdm., Strnh., an'. Bty. Th. Plr. o' Wsdm. rprsnts S., K. o' Isrl., whs. wsdm. cntrvd. th. mhty. fbrc. Th. Plr. o' Strnh. II. K. o' Ty wh' strnhnd. K S. i hs. gran'. undrtkng. Th. Plr. o' Bty. II. A., th. wd's so', whs c'nng. cft an'. curus wkmnshp. beautfi'd. an'. adrnd. th. T. Ths. fam's. fabc. ws. suprtd. b' frtcen hnd'd an' ffty.-thr. colms., an. tw.' thsnd. nne hnd'd an'. sx. pilsts., a'l hwn. fm. th. finst par'an mrbl. Thr wr empl'yed i i'ts bldg. thr. G. M.s, thr. thsn. thr. hnd. M's or ovsrs o' th. wk.; ehty thsn. Fcs. or hwrs. on th. mntns an' i th qr's.; svnty. thsan E. P's or b'rcrs. o' brdns. A'l o' ths w're clasd. an' arngd i suh a mnr b' th wsdm. o' K. S. tht. nethr envy, dscrd, nr cnfusn ws sffrd t' intrpt tht univrsal pc an' trnqullity whh prvadd th wrld a' tht imprtnt perod.

Th msac. pvmt. 'mblmtcly rprsnts th G. flr. o' K S. T. whr thse o' ou' anc. brn wh' wr E. Ps a'e sd t'. hv hld thei Hadoths

cnstng o' nt. ls. thn s'vn.—one M. E. an' sx
E. Ps. Th ar'h enclsg. th lt. G. 'mblmtcly
rprsnts th M. Chm. o' K. S. T. whr. thse o'
ou' anc brn. wh'. wr Fcs. a'e sd t' hv. hld
thei Hadoths. cnstg. o'. nt ls. thn fv., two
M. Es an' thr Fcs. Th ar'h enclng. th alt.
'mblmtcly. rpsnts. th unfnshd Snc. Snctm
o' K S. T., whr ths o'. ou' anc. brn wh' wr.
M. Es. a'e sd t'. hv mt, cnst o' thr.

The Wr. nw xplns. th fllwng smbls. wh.
a'e dlinatd. on an Essenic chrt.

Fs. th. thr. stps. a'e 'mblmatcl. o' th.
thr. prncpal stgs o' humn lf., vz., Y'uth,
Mnhd, an' Ol Ag'. I. y'uth, as E. P's,
w-e ouht indstrously t' occupy ou' mnds i
th attnmnt o' usfl knwldg. I' mnhd, as
Fcs, w'e shd apply ou' knwldg t' th dschrg
o' ou' rspectv dutis t' G, ou' neghbr, an' ou'-slvs,
tht so i ag', as M. Esns, w'e m'y enjy
th' happy rflctn cnseqnt on a wl-spnt lf,
an' de i th h'pe o' a glorus imrtlity.

TH. PO' OF INCNS.

. I' an 'mblm o' a p're hrt, wh i' alwys

an acptbl scrific t' Dei; an' as ths glws wth frvnt he't, so shd ou' hrts cntnuly glow wth grtitud t' th gr au' bnficnt Authr o' ou xstence fo' th manfld blsngs an' cmfrts w'e njoy.

TH B.IIV

I' an mblm. o' indstry, an' rcommnds th prctc o' tht vrtu t' al cratd bngs, fm th hghest Sraph i hvn t' the lwst rptle o' th dst. It tchs us as w'e cm int th wrld ratnal an' intligent bngs, so w'e shd evr b indstrous on's, nevr sitng dwn cntntd whle ou' fllw-cretrs arnd. us a'e i' wnt, whn i't i' i our pwr t' rleve thm wthout incnvnienc t' ouslvs.

Whn w'e tke a srvey o' natre, w'e vew mn, i hs infncy, mre hlpls an' indgnt thn th bru' cratn; h li's lnguishng fo' d'ys, mnths, an' yrs, totlly incapbl o' prvidng sustnnc fo' hmsl, o' gardng agnst th attck o' th wld bsts o' th frst, or shltrng hmsl fm th inclmncs o' th wther.

I't miht hv plesd th grt Cre'tr o' hevn

an' ert t' hv md mn idpndnt o' al othr bngs; bt, as dpndnc i' one o' th strngst bnds o' socity, mnknd wr mdc dpndnt on e'ch othr fo' prtectn an' scurity, as th'y thrby enjoy btr opprtunits o' fulflng th duts o' rccprcl lv an' frnshp. Thus ws mn frmd fo' soci'l an' actvc lfe, th noblst prt o' th wrk o' G; an' h tht wl so dmen hmsl as nt t' b endvcrng t' ad t' th cmmon stck o' knwldg an' undrstndng, m'y b deemed a dron' i th hiv' o natr, a usls membr o' soci'ty, an' unwrthy o' ou' prtction as an Essene.

TH BK O' CNSTTNS. GARDD B' TH T'S SWD

Rmnds us tht w'e shd b evr wtchfl an' gardd i ou' thts, wrds, an' actns, prtculrly whn bfor th enms o' Essenism; evr bring i rmmbranc thse trly Essenic vrtus, silnc an' crcumspctn.

TH SWD. PNTG. T' A NKD. H'A'

Dmonstrts tht jstce wl soonr or latr ovrtk us; an' althgh ou' thghts, wrds, an' actns m'y b hddn frm th e' o' mn, yt tht

A'L. SE'NG. E'.

whm th sn, moo, an' strs oby, an' undr whs wtchfl cre cvn cmets prfrm thi stupndus revlutns, bhlds th inmst reses o' th humn hrt, an' wl rwrd us acrdng t' ou' wrks.

TH' ANC. AND A'K.

A'e 'mblms o' a wl-grnded hp, an' wl-spnt lfe. Th'. a'e 'mblmticl. o' tht dvin A'k. wh. safly brs us ovr ths tmpstuus s'a o' troubls, an' tht. anc. wh. shl safly mr. us i a pcful hrbr, whr th. wked cse frm trbling, an' th. wea'y shl fnd rst.

TH. FORTY-SVNT PRBLM O'F UCLD.

Ws th. invntn o' ou' anc. frnd an' Bro. Pythgs, wh. i hs trvls thrgh Asi', Afrca, an' Eurp, ws initd int sevrl ord-s o' prsthood an' rased t'. th. sblim rnk o' M. Esne. Ths. wse philsphr enrchd hs mnd abundntly i' a gneral knwldg o' thngs, an' mre espcally i G.mty or Essenism. On ths sbjct h' drw ou' mny prblms an' theorms, an' amng th. mst dstnguishd h' erctd ths,* wh. i' th. j'y

---

* See chrt.

o' hs. ht. h' cld. Eur'ka, i' th. Grecn. lnguag sgnifyng, I hv fnd i't; an' upn th. dscvry o' wh. h' i' sd. t' hv. sacrfcd a hecatomb; it teaches Esns t' b. gnrl lvrs o' th. A'ts an' Sc'nc's.

TH. HOU' GLS

I' an 'mblm o' humn lfe. Bhld! hw swftly th. sns rn, an' hw rpdly ou' lvs a'e drwng t'. a clse. W'e cnt wthout astnshmnt bhld th ltl. prtcls wh. a'e cntand i ths. mchne, h'w th'y ps aw'y almst imprcptbly, an' yt, t'. ou'. srpris., i th. shrt spc. o' an hou' th'y a'e al xhustd. Ths wsts mn! T'-d'y h' pts frth th. tndr lves o' hpe; t-mrrw blssms, an' brs hs blshng hnors thk upn hm; th. nxt d'y cms a frost, wh nps th. sht an' whn h' thnks hs gratns stl aspirng, h' fls, lke autm lves, t'. cnrh ou'. mthr eart.

TH. SC'THE

I' an 'mblm o' tm, wh cu's th. brttl thrd. o' lfc, an' lnches us int etrnty. Bhld wht have th sc'the o' tm mkes amng th hum'n r'ce; if b' chnc w'e shd cscp th numrous evls incdnt t' chldhd an' y'uth, an', wth hlth an' vgor, arve a' th yea's o' mnhd, yt, wthl, w'e mst sn b cu' d'wn b' th al-dvourng sc'th o' tm, an' b gthrd int th lnd whr ou' fthers hve gne bfre us.

Br. H., prmt m t' cl yr atntn t' th lst 'mblms on th. chrt.

TH. STNG. MAU., SPD., CFN., AN' SPG. O' ACA.

Th. stng. mau i' 'mblmtc o'. tht wth wh ou' G. M. ws sln. Th spd. o' tht. wh. opd. hs. gv., remndg us tht a smlr instn mst. er. lng op ou's. Th cfn. o' tht o' wh enclsd hs rmns.: thes. t'. a rfctg mnd afrd sbjcts. fo'. sers. consdratn., bt whn we. lk. frwrd t'. th spg. aca. wh ws fnd blmg a'. th hd o'. hs gv., we a'e evr rmnd o'. tht imrtal prt wh srvivs th gv., wh. wl. nv., nv., nv. d'c.

Ths, m' Br., my sn dsgnat ou' lst rstng plc i tht evrlstng an' silnt abde, tht hvn o' rst, tht pcful h'me, "whr th wckd cse frm trblng, an' th wea'y a'e a' rst."

Br., b evr mndfl o' tht grea' chng, whn w'e shl b cld frm lbrs on eart t' tht evrlstng rfrshmnt in th pradis o' G.

Le' m'e admnsh u, i th mst sers mmnr, i rfrnc t' th clse o' lfe, tht, whn th cld wnter o' dh shl hv psd, an' th brght sumr mrn o' th rsurction apprs, th S'n o' Rghtousns shl dsnd an' snd frth Hs 'ngls t' clct ou' rnsmd dd; thn, if w'e a'e fnd wrthy, b' th bnfit o' hs "ps." w'e shl gn a rdy admsn int tht clstl abv, whr th Sprem Archtc o' th Unvrs prsids, whr w'e shl se' th Kng i th bty o' holns, an' wth hm enter int an endls etrnt.

Thus, br, w'e clse ou' lctr on the 'mblms wth th slmn thght o' dh. W'e a'e all brn t' d'e; w'e f'll'w ou' frns t' th brnk o' th grv, an', stndng on th shre o' a vst ocn, w'e g'ze wth xqisit anxity untl th lst strgl is ovr, an' w'e s'e thm snk int th fthmls abys. W'e fl ou' own ft slidg fm th prearous brnk on wh w'e stnd, an' a fw mre suns, an' w'e shl b whlmd 'neth dh's awfl wve, t' rst i th stlly shdes, an' drkns an' silnc wl regn arou' ou' melnchly abde. Bt i' this th end o' mn an' o' th aspirg h'pes o' al fathfl Esns? No, blsd b be G, w'e pause nt our ft a' th fst or scod stp; bt, tru t' ou' prncpls, lk frwr'd fo' greatı lht. As th 'mbrs o' mrtality a'e faintly glmrng i' th sokets o' xstnc, the Bbl rmvs th th drk cl'd, drws asid' th sabl crtns o' th' tmb, bds h'pe an' j'y rouse us, an' sustans an' ch'rs th dprtng sprt; it pnts bynd th silnt grv, an' bds us tru ou' e's wth fth an' cnfidnc upn th opnng scnes o' ou' etrnty.

Wr. Br. Sd., a'e u. a M E.

6d. I 'm.

Wr. Wht indcd u. t' b.cm a M E.

6d. In ord. tht. I mht. obt th ms wd., trvl i frn cntrs, wk an' rcv ms. wgs., an' b. thby. th btr enab t'. suprt. msl. an' fmly., an' cntrbt. t'. th. rlf. o' dstsd wrthy M. Es, thei'. wds an'. orps.

Wr. Whr. wr u prpd t'. b. md an Esn.

6d. I a roo adjng th bd o' a jst an' dl. cnst. ⌂ o' M. Esns.

Wr. Hw w're u. prpd.

Sd. B'. b.ng. dvs o' a'l. mtc sbs., nthr. nd n clthd., bft. n. shd.,\bth. kns. an' bs ba'} hwkd an'. a. c.to. thr tms arou' m' bd., clthd as a Fc., in wh cndtn. I ws cndtd t'. a dr o' th ⛩ an'. thr csd t'. gv thr. dstnct kncs, wh wr ans. b' thr fm. wthn.

Wr. Wt ws. sai' t' u. fm wthn.

Sd. Wh'. cms hr.

Wr. Yr. ans.

6d. I, J. H., hvg bn dl initd E. P., svd. a prpr tm as sh., psd t' th rnk o' Fc., an' nw wshs frthr. It i Esnsm b' b.ng rsd t' th. sublm rnk o' M E.

Wr. Wt wr u thn 'skd.

6d. I–f ths ws an ac. o' m' ow' fr' wl. an' acd.; if I ws wthy an' wl. qulfd.; dl. an' trl prpd., an' i–f I hd md sutbl. prfcncy i th. prcdg. rnk. t' enttle m'e. t' ths. A'l o' wh b.ng ans i th. afrmatv., I ws. 'skd b' wt. fthr. rt. or bnft I xpctd t' obt ths. imnpt prvlg.

Wr. Yr ans.

6d. B'. th bnft o' th. ps.wd.

Wr. II'd. u th ps.wd.

6d. I h'd nt., my. cndtr gv i't fo' m-e.

Wr. Wt wr u thn tld.

6d. B.ng i psesn o' thse ncsry qulfctns I shd wai' wtht. untl th. Wr. cld b. infmd o' m'. rqs. an' hs ans. rtnd.

Wr. Wt ws. hs ans whn rtnd.

6d. Le' h'm ent ths Wfl 🕮 o' M. E., an' b. rcd i d'e an' anct f'rm.

Wr. Hw wr. u rcd.

6d. On th. xtrem' pts o' th cps. xtndg fm m'. nkd. rt. t'. m' nkd lf. bs., wh. ws t'. th m–e. tht as wthn. th. bs a'e. cntnd th. mst vitl prts o' mn. so b.twn th xtrem' pts o' th cpss. a'e cntnd th ms vlubl t'nets o'. F. Esnsm. wh a'e, fnshp., mrlty, an'. bthly. lv.

Wr. Wt ws thn dn wth u.

6d. I ws condtd. thr. tms rglrly arou th 🕮, an'. t' th Jw i th S. whr th sme ques wr 'skd an' ans rtrnd as a' th dr.

Wr. Hw dd th Jw dsps o' u.

6d. Drctd m–e t' b. cndtd t' th Sw i th W. whr th sme ques wr 'skcd an' ans rtrnd as b.fre.

Wr. Hw dd. th Sw dsps o' u.

6d. Drctd m–e. t' b. cndtd. t' th Wr. i. th. E., whr th sme ques wr agn 'skcd an' ans rtrnd as bf're ; wh' als' dmnd o' m–e. whnc I c'mc an' whthr I ws trvlg.

Wr. Yr. ans.

6d. Fm th W. an' trvlg. E.

Wr. Wh. dd u l'v. th W an' trvl E.

6d. I srh o' fthr lt i Esnsm.

Wr. Hw dd th Wr. dsps o' u.

6d. Ord. m–e t'. b. rcndtd t'. th Sw. i th W., wh' tht m–e hw t'. aprh th. E i d'e an' anc f'rm.

Wr. Wht i' tht d'e an'. anc f'rm.

6d. Advncg on m'. nkd lf. f–t., brngng. th. hl. o' th rt t'. th hl o' th lf., thby fmg. th rt 'ng' o' a sq. ; bd erct fcng th. E.

Wr. Wt. dd. th. Wr. thn. d'. wth. u.

6d. Md. m–e. a. M. Esn.

Wr. Hw.

6d. In d'e f'rm.

Wr. Wht. i'. tht. d'e f'rm.

6d. Knlg. on bth. m'. nkd. kns., bth. hns. rstg. on th H. B., sq. an'. cpss., i wh. d'e f'rm I t'k upn. msl. th. sln. obg. o'. M. E.

Wr. Aft'. th. obg. wt. wr u 'skd.

6d. Wt. I mst d.srd.

Wr. Yr. ans.

6d. Fthr. lt. i Esnsm.

Wr. Dd. u rcv. i't.

Sd. I dd., b'. ord. o'. th. Wr.

Wr. On b.ng brt. t'. lt. wt. dd. u b.hld.

6d. Th. thr. grt. lts., as i th. prcdg. rmks., bt. wth. ths. dfnc., bth. pts. o'. th. cps. wr clvtd. abv. th. sq., wh. ws. t'. th. m-e. tht. I h'd. rcd., an' ws. enttld. t'. rcv., a'l th. lt. tht. c'ld b. cnfrd. upn. m-e. in a M. Es ◬.

Wr. Wt. dd. u thn. b.hld.

6d. Th. Wr. aprhng. m-e. fm. th. E. upn. th. stp. und. th. dg. an' sn. o' Ep., upn th stp und th dgd an' s'n o' Fc., upn th stp und th dgd an' sn. o' M. E., wh'. prcdd. t';. invs. m-e. wth. th. ps.gp. an'. wd., an'. ordd. m-e t'. ari', salu'. th. J. an'. Sws., an' stsfy. thm. tht. I ws. i pscsn. o'. th. stp., dgd., sn ps gp., an' ps wd. o'. M. E.

Wr. Wt. ws. thn. dn. wh. u.

6d. I ws. ordd. t'. b. rcndtd. t'. th. Sw. i th. W., wh'. tht. m-e hw. t'. wea' m'. ap. a-s a M. E.

Wr. Hw. d'. M. Esns wea' thci' aps.

Sd. Wth. th. flp. tnd. d'n.

Wr. Wt. wr u. thn. prsntd. wth.

6d. Th. wkng. tls. o' a M. E.

Wr. Wt. a'e. th'y.

Sd. A'l. o'. th. tls. o'. Esnsm indscrmntly, mr. espcly. th. trwl.

Wr. Wt. ws. thn. dn. wh. u.

6d. I ws. ordd. t'. b. rcndt r'. th. plc. whnc. I c'me, b. invst. wth. tht. o' wh. I hd bn. dvst., an' rtnd. t'. th. ⌘ fo'. fthr. instctn.

CHRG.

Br., yr. zl fo' th. instn. o' Esnsm, th. prgrs u. hv mde i th. mstry an' yr. cnfrmity t'. ou' regulatns, hv. pnted u. out as a prper objc. fo' ou' favr an' est'm.

u. a'e nw. bnd. b' d'ty, hnor, an' gratitde, t'. b. faithfl t'. yr. trst; t'. suprt th' dgnity o' yr. chractr on evry ocsin; an' t'. enfrc., b' prcpt an' xampl., obdinc. t'. th. tnets o' th. Ordr.

I. th. chractr o' a M Esn., u. a'e authrizd t'. crct. th. e'rs an' irgulrits o' yr. uninfrmd brn, an' t'. grd thm agnst a brch o' fdelity.

T' prsrv. th. rputatn o' th. frtty unsuld mst b. yr. cnstnt cr.; an', fr ths prpse, i't i' yr. prvinc. t'. recmmnd t'. yr. inferrs obdinc. an' sbmsn; t'. yr. eqls, crtsy an' afablty; t'. yr suprrs, kndns an' cndscnsn. Univrsl bnvolnc. u. a'e al'ys t'. cltivte; an', b' th. rgulrity o yr o'n bhavr, afrd th. bst xampl. fo' th. cndct o' othrs ls infrmd. Th. anct lnmrks o' th. ordr, intrstd t'. yr cr., u. a'e crfuly t'. prsrv.; an' nvr sufr thm t'. b. infrngd, or countnnc. a dviatn frm th. estblshd usgs an' cstms o' th. frtty.

Yr vrtu., hnor, an' rputatn a'e cncrnd. i suprtng wth dgnity th. chrcter u. nw bea'. Le' no motv., thrfr., mke u. swrv. frm yr dty, vlate yr vws, or btr'y yr trst; bt b. tr'e an' fa'thfl, an' imitt. th. xmpl. o' tht clbratd artst whm u. ths evng rpresnt. Thu' u wl rndr yursl. dsrvng o' th. hnor wh w'e hve cnfred, an' merit th. cnfidnc. w'e hve rposd.

Wr. Br. H., u wl nw tke yr st i ths ⟨⟩ as a M. Esnc, aft. stpng t' th Sc.s. ds an' sgng yr nm t' th cnsttn an' b'-ls—wh wl thn mk u. a mmbr o' ths ⟨⟩.

CLOS'G.

Th busns o' th ⚑ bing cmpletd, th Wr. prceeds t' cl'se thu':

Wr. Br. Sw., d' u knw o' anythg fthr bfr ths. ⚑ o' Esns prevs t' clsng.

8w. (rsng. t' hs. ft.) Nthg, Wfl.

Wr. Anythg. i' th. S. Br. 7w.

7w. Nthg, Wfl.

Wr. Br. Sc., hv. u anythg on yr ds.

Sc. Nthg, Wfl.

Wr. An'y Br arou. th ⚑ anythg t' ofr fo' th bneft o' Esnsm, b.fr. w'e prcd t' cls.

Wr. Th. rdng o' th. mnts o' th. prsn cmcatn. (Sc. rds. mnts.)

Wr. Br Sw., hv u an–y altratns or adtns. t' mk.

8w. I hv. nn.

Wr. Br 7w., hv. u an–y t' mk.

7w. Nn, Wfl.

Wr. IIs. an–y Br prsn an–y.

Wr. Th. mnts wl. stn. aprvd if thr a'e. no objns. (Wr. gvs on' rp whn th Jd. rss. t' hs ft.)

Br. 5d., th. ls. as wl. as fs gt ca. o' Esns, whn cnvd.

5d. T' s'e. tht. th'y. a'e. dl td.

Wr. u. wl. atn t' tht dt. an. infm. th. **T.** tht. I 'm abt t' cls ths ⟨⟩, an' d'rct. hm. t' tk d'e ntc thrf. an' gvn hmsl. acly.

Jd. W'e a'e dl td, Wfl.

Wr. Hw a'e w'e td.

5d. B' a M. Esn wtht a'rd. wth. th. prpr. impmt. o' hs. ofc.

Wr. Hs. dt. thr.

5d. T' obs. th. aprh. o' cwns. an' edps. an' s'e tht. nn ps. or rps. xcp. sh. as a'e. dl. qlfd an' hv. pmsn. fm. th. Wr.

Wr. Br. Sw., th. Jd's. plc. i. th. ⟨⟩.

Sw. A' my rt. hn.

Wr. (Tw' rps, al o' th ofcs ris. t' thr ft.) Yr. dt. thr, Br. Jd.

5d. T' ca. m'sgs. fm. th. Sw. i. th. W t' th. Jw. i th. S. or elswh abt th. ⟨⟩, as h' m'y drct; atn t' al'ms. a' th. outr. dr. an' rprt th sm t'. th. Wr., als t' s'e tht. w'e. a'e dl. td.

Wr. Th. Sd's. plc. i th ⟨⟩.

Jd. A' th. rt hn. o' th. Wr. i th. E.

Wr. Yr. dt. thr, Br. Sd.

6d. T' ca. ords. fm. th. W R. i th. E. t' th. Sw. i th. W. or elswh abt th. ⚒, as h' m'y drct.; atn t' al'ms. a' th. inr dr., wlcm. an' clth vstg. Brn., alst' rev. an' condt. cnd'ts.

Wr. Th. 7w's sta.

Sd. I. th. S.

Wr. Wh. i th. S. Br. 7w.

7w. T' obs. th. sn. a' mrdn., wh. i' th. gl'ry. an' bty. o' th. d'y.; t' cl. th. cft. fm lbr. t' rfshmts, sprntnd. thm. d'rng. th hrs. thrf., an' crfly. t' obs. tht. th. mns. o' rfshmnt a'e nt pvrtd t' intmpc. or xcs.; t'. s'e. tht. th'y rtn t' thei' lbr. i d'e scsn. tht. th. Wr. m'y rev. hnor. an' th'y. plcsr. an' prft. thby.

Wr. Th. 8w's sta.

Jw. I. th. W.

Wr. Wh. i th. W., Br. 8w.

8w. As th. sn. i' i th. W. a' th. cls. o' th. d'y., so stds. th. Sw. i th. W. t' as'st. th. Wr. i opg. an' clsg th. ⚒, p'y. th. cft. the wgs. i'f an'y b. d'e., tht. nnc. m'y g--o aw--y dsatsfd., hrmny. b.ng. th. supt. o' a'l inst'tns., espcly. ths. o' ou's.

Wr. Br. 8w., th. Wr's sta.

8w. I. th. E.

Wr. Wh. i th. E.

8w. As th. su. rss. i th. E. t' op. an' gvn. th. d'y., so rss. th. Wr. i th. E. t' op. an' gvn. th. 🜨, st. th. cft. t' wk., gvg. thm. prpr. instcn. f'. thr. lbr.

Wr. Br. Sw., i't i' m'y. ord. tht. —🜨— b. nw. clsd, an' stnd. clsd. untl. ou' nx. rglr. cmcatn., unls. espcly cnvnd, in wh. cse o' emrgnc', d'e. an' tmly. ntc wl. b. gvn.; ths u. wl. cmnct t' th. Jw. in th. S., an' h' t' th. Brn prsn., tht. th'y., hvg d'e ntc thrf. m'y. gvn. thmsls acly.

Sw. Br. 7w., i't i' th. ord. o' th. Wr. i th. E. tht. —🜨— b. nw clsd. an' stn. clsd untl. ou nx. rglr cmcatn., unls espcly cnvnd, in wh cse. o.' o' cmrgnc. d'e and tmly ntc wl. b. gvn. ; ths. u wl. cmncte. t' th. Brn. prsn., tht. th'y hvg d'e ntc thrf m'y gvn thmsls. acly.

7w. Brn., i't i. th. ord. o' th. Wr. i th. E., cmnctd. t' m'e thrgh. th. Sw. i th. W., tht. —🜨— b. nw. clsd an' stn clsd untl. ou' nx reglr. cmncatn., unls espcly cnvnd, in wh cse. o.' emrgnc. d'e an' tmly ntc. wl. b. gvn. Ths. I cmncte t' u, tht. u hvg. d'e ntc. thrf m'y. gvn. yslvs. acly.

Wr. Brn., obs. th. E. an' atn. t' gvn. th. sns. (th. dg. an' sns. of ea. rnk a'e nw gvn b' Wr. an' Brn., aftr wh th Wr. gvs. thr. rps. wth. hs. gvl., wh i' rspndd t' b' th. S. an' Jw's. wth' thr. rps. ea.)

Wr. Br. 8w., hw. shd. Esnes mt.

8w. On th. lv.

Wr. An' hw. ac', Br. Jw.

7w. B' th. pl.

Wr. An' prt. on th. sq. So le' us evr mt., ac'., an' prt. (whn th. Wr. tks off hs. ht. an' rpts th flwng, or sme suitbl pr'yr:) M'y th blsng o' hvn rst upn us, an' al Esns; m'y bthr'ly lv prva'l, an' evry mrl an' soc'l vrtu cment us. Amn.

Rspns. S'o m't. i't b.

Wr. Brn., I nw dclr this ⚒ clsd.

Br. 5d., infm th T. Br. 6d., atn t' th al. an' clse th. gt. lt.*

---

* See Appendix.

THE ESSENES' GATE.

The importance and influence of the Order of Essenes is seen in the fact of a gate of the city of Jerusalem being named after them.

THE GATE OF THE ESSENES (described by Josephus, Wars, v. iv.; 2) was on Zion, as you go south from the present Zion gate, following the path around the tomb of David. A slight depression of the ground is perceptible near the brow of the hill looking south towards the valley of Hinnom; at this spot was the Gate of the Essenes. There are no ruins above ground, and no relics of any kind remaining from which to form an idea of its appearance.

THE GATES OF THE TEMPLE.*

THE SOUTH GATE.

In the south wall of the Temple area is a double gate, now walled up, and called the Huldah Gate (from the Talmud). This is built of very large stones, especially inside, and has an entrance hall 50 feet long by 40 wide, leading to a passage (by a flight of nine stone steps) 250 feet long, which (by another flight of three steps) conducts to the area above.

In the centre of the entrance hall there is a column formed of a single block of marble, which supports the spring of four arches (on which rest four domes); the height is 21 feet, and the diameter 6 feet and 3 inches. There is no monument of antiquity in Jerusalem that is more interesting than this relic of the Jewish builders of the days of Solomon.

---

* The works of the following scholars and travellers may be referred to on this subject:
City of the Great King. Dr. Barclay.
Robinson's Biblical Researches, and
Rawson's Bible Hand-book.

SOUTH GATE.

WEST GATE.

THE WEST GATE.

A few years since, Dr. Barclay (City of the Great King, page 489) dicovered, after it had been hidden by rubbish and buildings, the west gate of the Temple. The engraving shows only a part of the lintel of this gate, and only this much can be seen, for the authorities have not yet permitted a further examination of the place. The stone shown measures 20 feet long by 6 feet 9 inches thick. The Temple site, about twenty feet above the inside of the gateway, is occupied by modern buildings, which hide nearly all the ancient work, only leaving bare the arched top and edge of the lintel.

THE EAST GATE.

The entrance to the Temple enclosure on the east is now walled up and kept closed by the Mohammedans, because of a superstitious fear that the Christians will enter the city by that gate and drive them out.

The style is ancient, and its interior is ornamented with rich and elaborate carvings in the Grecian style.

The length is 70 feet, and breadth 55, and it projects 6 feet beyond the wall; two columns divide it into a double arcade, lighted at the west end by two domes. The effect is grand and imposing.

The columns are formed out of a single block of marble, and the walls are eleven feet thick. A grand stairway of massive stone blocks leads from the gate up to the platform, which is 25 feet above.

The Crusaders called this the GOLDEN GATE (Porta Aurea).

EAST GATE.

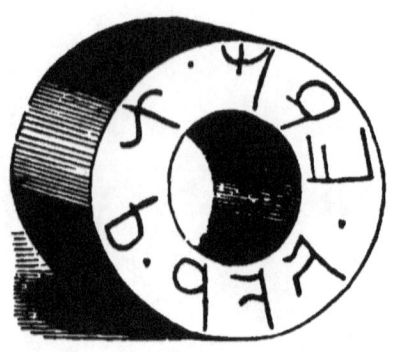

ANCIENT TALENT.*

The Talent was a denomination or weight of gold, silver, or copper, usually of a circular form. At the time of the building of the Temple its weight and value was as follows:

† The Hebrew Gold Talent weighed...1,320,000 grs.
" " Silver ". " 660,000 "
" Persian Gold " " 400,000 "
" Babylonian Silver Talent weighed 959,000 "
(" American Gold Dollar, coinage of
 1855...................... 25.8 ")

---

* The Talent (כִּכָּר) means a circle or globe, here denoting a circular mass of metal, or aggregate sum.

† See Kitto—Smith's Dictionary of the Bible, and Rawson's Bible Hand-book.

APPENDIX.

OPNNG THE ⛺.

All statd cmnctns of a ⛺ must b opd and clsed i th thrd rnk ; but specl cmnctns fo' wk. an' instrctn need not be opd in ths rnk unls th wk rquirs it.

ORD OF BSNSS.

1. Cllng the rll. of ofcs.
2. Rdng. th. mnts. of lst. cmctn.
3. Rpt of c'm'mte of invstgtn on prvs prpsls fo' mmbrshp.
4. Bltng for cnds rprtd upn. by cmmte.
5. S'kns an' dsts. ; rprt. of vstg commte

6. Prpsitns fo' mmbrshp.
7. Initn o' cndts.
8. Unfnshd bsns.
9. Rprt of Trstees.
10. Tres. rprt.
11. Rprt of specl cmmte.
12. Rdng cmcatns.
13. New bsns.
14. Rdng mnts of prsnt cmctn.

In case of the death, inability, or absence of the Wr., or a vacancy in his office, the S. and J. W.ns will in succession succeed to his prerogatives and duties for all purposes; and in case of the absence of either of the W.ns. the Wr., will appoint some one to temporarily fill his place.

Page 23—* The S. and J. M. C. are officers appointed by the Wr., their duty being to conduct the ceremonies at the iniatng., pssng., and rsg of candts. In many Hadoths, however, the Sd acts as S. M. C., and in some instances the Jd acts as J. M. C.

Page 30—* after which Sd. repairs to the dr to rcv. candt.

Page 25—* in some Hadoths clse. in th. thd. an' opn in th fst or— Scnd. thn clse in th fst or scnd an' op agn in th thd.

Page 76, 216—* in some 🔺🔺 clse th. thr. grt lts.

Page 169—* Sd. remains at the inner dr. to rcv. Cand't.

Page 188—* Some Rabbans cmnce the hstorcl act at the * on page 190 as th tendncy is to shrten the formula i sch plcs.

www.ingramcontent.com/pod-product-compliance
Lightning Source LLC
Chambersburg PA
CBHW020812230426
43666CB00007B/973